Gulliver Taschenbuch 183

Was ist denn schon dabei?

Schüler schreiben eine Geschichte
über die ganz alltägliche Gewalt

BELTZ
& Gelberg

Was ist denn schon dabei? ist 1993 in Gemeinschaftsarbeit von der Klasse 10a der Ferdinand-Porsche-Realschule Wolfsburg und ihrer Deutschlehrerin entstanden. Mitgearbeitet haben Markus Ahlgrimm, Anne Cholewczynski, Sonia Cutulli, Damian Danisch, Holger Dittmann, Melanie Ende, Maren Fuhrmann, Dennis Hammerich, Nicole Jauster, Hermann Kaußel, Michael Kosse, Jens Krämer, Andreas Kristen, Andreas Lange, Karsten Lokstädt, Torben Metheit, Kathrin Meyer, Cindy Mischkowsky, Tina Müller, Kevin Pennewitz, Maria Pirarba, Denis Rice, Annemarie Schelm, Nadine Stadel, Sonja Stolzenberger, Melanie Tiedtke, Simone Zick.

Gulliver Taschenbuch 183
Originalausgabe
© 1994 Beltz Verlag, Weinheim und Basel
Programm Beltz und Gelberg, Weinheim
Alle Rechte vorbehalten
Lektorat Silvia Bartholl
Reihenlayout und Einband von Wolfgang Rudelius
Gesamtherstellung Druckhaus Beltz, 69494 Hemsbach
Printed in Germany
ISBN 3 407 78183 0
3 4 5   98 97 96 95

Vorwort

Hallo,

wir sind die Klasse 10a der Ferdinand-Porsche-Realschule in Wolfsburg.

Ihr fragt Euch sicher, wie wir auf die Idee gekommen sind, ein Buch zu schreiben. Der Einfall kam uns in einer normalen Deutschstunde, als wir uns Gedanken machten, was für ein Buch wir lesen wollten. Doch wir konnten uns auf keines einigen. Aus der hintersten Ecke des Klassenraumes hörte man plötzlich ein leises Murmeln: »Warum schreiben wir nicht einfach mal selber ein Buch?« Unsere Lehrerin sagte so laut und deutlich »Ja!«, daß sogar der letzte Schlafende hochschreckte.

Viele Schüler waren hellauf begeistert, doch einige blickten sehr skeptisch um sich.

In einem Klassengespräch diskutierten wir die Handlung des Buches und erfanden die Hauptpersonen. Im Mittelpunkt unserer Geschichte sollte ein Siebtkläßler namens Martin Bährlapp stehen, der von fünf Jungen aus den zehnten Klassen seelisch und körperlich gequält wird.

Wichtig war es uns, zu zeigen, daß auch an ganz »normalen« Schulen Dinge passieren, die mehr sind als nur Anpöbeleien oder dumme Streiche. Noch wichtiger war es uns aber, darüber nachzudenken, wie es kommt, daß sich immer mehr Jugendliche so gemein und brutal verhalten wie die fünf Jungen in unserer Geschichte. Darum haben wir uns vorgestellt, wie es wohl bei ihnen zu Hause aussehen könnte, ob sie Probleme mit ihren Eltern haben und so weiter. Dabei merkten wir, daß wir eine Stadt erfinden mußten, in der sich alles abspielt. Das war schwierig, denn es sollte eine moderne Stadt wie Wolfsburg sein, aber irgendwie trotzdem alt. Dörfer sollte es auch geben, weil viele von uns aus Hehlingen, Nordsteimke und Barnstorf kommen. Also erfanden wir die Stadt Suhlstedt mitsamt ihren Ortsteilen und dazu den FeiGü-Konzern, der Fertiggerichte herstellt. Suhlstedt und FeiGü spielen zwar kaum eine Rolle in unserer Geschichte, aber so konnten wir uns alles viel besser vorstellen.

Natürlich hat das alles sehr viel Arbeit gemacht. Wir teilten uns in Gruppen auf, und jede Gruppe hatte ein ganz bestimmtes Thema zu bearbeiten, zum Beispiel ein Gang-Mitglied, das Vorwort oder wie die Schulfete ablief. Manchmal haben wir gestöhnt, aber hinterher waren wir (mit Recht!) stolz auf unser Ergebnis.

Wir finden, die ganze Mühe hat sich gelohnt. Viele von uns haben freiwillig (!) Extraaufgaben erledigt, und als sich unsere Geschichte immer weiter entwickelte, konnten wir gar nicht mehr aufhören, denn es hatte uns im wahrsten Sinne des Wortes gepackt. Deshalb war es für uns auch sehr schwer, an einem ganz bestimmten Punkt zu sagen: »Jetzt ist Schluß!«

Alles in allem können wir sagen, daß uns der Deutschunterricht im letzten halben Jahr echt Spaß gemacht hat. Wir hatten eine verrückte Idee – und dann ist ein ganzes Buch daraus geworden!

Ganz herzlichen Dank an alle!

Die 10a
Wolfsburg, im März 1993

Das Zuhause (S. 13 Jochen)
S. 20 Morton
S. 21 Markus Uhlhorst
S. 21 Stefan Egge
S. 48 Matthias Hein
S. 86/87 Jochen
S. 93 Joe Brockmeyer

S. 43 Johann Rolle f. die Gang

Frau Bärlapp S. 45 ff.

Montag

Es war an einem sterbensgrauen Montagnachmittag Ende November, als Stefan Egge zu seinen Kumpels sagte: »Mann, Leute, ich brauch Action, sonst raste ich ab!«

Die Action hatten sie dann.

Zu viert betraten sie das Kaufhaus Strehl. Keiner sagte ein Wort. Stefan steuerte die Schuhabteilung an, die anderen drei, Markus Uhlhorst, Joe Brockmeyer und Matthias Kern, folgten ihm wie Schatten. Als Stefan vor den Schuhregalen stehenblieb, hielten auch sie an.

»Nette Treterchen«, meinte Stefan und lächelte, daß seine Zähne blitzten. »Ich glaube, ich brauch welche.«

Markus und Matthias nickten, nur Joe zog ein Gesicht, als hätte er plötzlich Zahnschmerzen bekommen, aber er sagte nichts.

»Na los!« Stefan trat Matthias gegen den Absatz. »Du brauchst auch welche, deine sind doch der reinste Schrott!«

»Aus alt mach neu! Alles für umsonst in Strehls Umtauschzentrale!« Jetzt grinste auch Matthias, und Markus starrte nachdenklich auf seine verdreckten Stiefelspitzen. Schließlich sagte er: »Ich kann die Dinger nicht mehr sehen, echt!«

Joe rührte sich nicht. Er hatte seine Hände in den

9

Taschen vergraben. Sein rechtes Augenlid zuckte nervös. »Was is', Alter?« stieß Stefan ihn an. »Kriegste kalte Füße oder was?«

»Ich? Kalte Füße? Du bist ja beknackt!«

»Na los, dann schirm uns ab und schieb Wache.«

Alles ging sehr schnell. Die neuen Schuhe paßten, die alten störten zwar etwas in den Regalen, doch das machte der Gang nichts aus.

Niemand hielt die vier auf, als sie ganz cool zum Hauptausgang schlenderten. Erst an der Drehtür, die die Kunden ausspuckte und verschluckte, hörten sie ein beißendes »Ihr bleibt mal schön hier!« hinter sich. Hätte das Kaufhaus nicht diese affige Drehtür gehabt, die sich nur ruckartig bewegen ließ, dann hätten sie sich gar nicht um den Typen gekümmert, der bei Strehl den Hausdetektiv machte. Bährlapp hieß der. Das wußten sie von ihrem Kumpel Jochen Strehl, dessen Vater das Kaufhaus gehörte.

»Ihr kommt jetzt mal mit ins Büro«, sagte Bährlapp, »ich glaube, es gibt da einiges zu klären!«

»Was denn, was denn ...«, fing Stefan an, aber sofort schlossen sich Bährlapps Finger um sein Handgelenk, und von rechts und links kamen noch zwei andere, die Bährlapps Zwillingsbrüder hätten sein können. Leute blieben gaffend stehen und schüttelten die Köpfe.

»Unmöglich!« zischte eine Frau. »Wo soll das noch hinführen mit dieser Jugend!«

»Das ist Freiheitsberaubung, Mann!« murmelte Stefan und versuchte sich loszureißen. Doch Bährlapp und seine Helfershelfer wußten, wie sie mit aufsässigen Bengeln umzuspringen hatten, und sehr schnell fand sich die Gang in einem miefigen, kleinen Büro hinter dem Fahrstuhlschacht wieder. Dort öffnete Bährlapp eine Dose mit Hustenbonbons und bediente sich daraus. Es knirschte bedrohlich, als er das Bonbon zerbiß.

»Ist euch eigentlich klar, was das heißt, eine Anzeige wegen Diebstahls zu bekommen?« Bährlapp leckte sich zufrieden die Lippen.

Als keiner der vier eine Antwort gab, wurden Bährlapps Augen schmal und gemein. »Für euch ist es also ganz normal zu stehlen?«

»Wir haben nicht gestohlen«, sagte Stefan und lächelte. »Das war nur eine Wette.«

Bährlapp winkte ab und schob sich ein weiteres Bonbon in den Mund. Wieder knirschte es. »Ach, rede dich doch nicht raus, Freundchen!« meinte er undeutlich. »Name?«

»Bährlapp«, entgegnete Stefan.

»Also, jetzt reicht's!« explodierte Bährlapp.

Stefan lächelte noch breiter. »Wieso – fragen Sie doch Jochen! Jochen Strehl! Mit dem haben wir gewettet, daß wir hier etwas rausholen können, ohne daß Sie es merken – fragen Sie Jochen! Und wir hätten es ja auch zurückgebracht ...«

»Deinen Namen will ich wissen!« schrie Bährlapp, der

so rot angelaufen war, als wäre er kurz vor dem Herzinfarkt.

»Okay, okay. Ich bin Stefan Egge, und Jochen ist unser Kumpel. Sie brauchen ihn wirklich nur anzurufen. Er müßte jetzt zu Hause sein.«

Die drei anderen nickten. Matthias standen Schweißperlen auf der Stirn. Markus und Joe waren blaß.

»Schöne Freunde«, murmelte Bährlapp. »Wirklich, eine nette Gesellschaft.« Dann griff er zum Telefon und wählte Strehls Privatnummer.

»Na gut, Jochen«, sagte Bährlapps seifige Stimme am anderen Ende der Leitung, »von einer Anzeige sehe ich diesmal noch ab, aber deinem Vater werde ich Meldung machen müssen. So geht das nun wirklich nicht!«

»Okay, okay, Herr Bährlapp«, murmelte Jochen in den Hörer. »Und – äh – danke, ich meine, weil Sie – wegen der Anzeige...«

»Keine Ursache, Jochen. Es wird ja nicht wieder vorkommen. Mach's gut.« Bährlapp legte auf.

Jochen knallte den Hörer hin und brüllte laut: »Arschgesichter! Feige Bande!« Egge mit seinen super Ideen hatte ihn wieder mal reingerissen. Jochen kannte das Spiel nur zu genau: Wenn Stefan Egge Scheiße baute, geschah das immer auf Kosten anderer Leute.

»Blödmänner!« Das Telefon flog krachend auf den gekachelten Boden.

»Jochen?« hörte er Frau Peters aus der Küche fragen.

»Ist irgend etwas nicht in Ordnung?«

Halt's Maul, alte Ziege ... Aber Jochen verkniff es sich und rief nur: »Alles okay, Frau Peters!« Dann lief er nach oben in sein Zimmer, drehte die Anlage auf und warf sich aufs Bett.

Gingen die einfach hin, diese Idioten, klauten Schuhe und nannten das Ganze eine Wette! Jochen stöhnte laut auf und malte sich den Ärger mit seinem Vater aus.

Hätte er eben nein sagen sollen? »Nein, Herr Bährlapp, das denkt sich der Egge nur aus ...« Die hätten Kleinfleisch aus ihm gemacht. Das wäre schlimmer als Streß mit dem Alten.

Jochens Hände waren schweißnaß, aber trotzdem fror er. Immer noch hörte er Bährlapps zufriedenes »Na, da wird sich dein Vater aber freuen, wenn er von dieser Geschichte erfährt!«

Und wie der sich freuen wird! Wahrscheinlich wird er wieder in der Warenausgabe schuften müssen, ohne Bezahlung natürlich. Egge, Uhlhorst, Brockmeyer und Kern hatten für sechs Monate Hausverbot. Auch das hatte Bährlapp ihm mitgeteilt.

Haß fraß in Jochen, ein unheimlicher Haß auf alle.

Dann schlich sich die Angst ein, eine unheimliche Angst vor allen, die aus ihm Kleinfleisch machen könnten.

Der Ärger war enorm, auch wenn Bährlapp von einer Anzeige abgesehen und »nur« den Eltern der vier Jun-

13

gen telefonisch mitgeteilt hatte, ihre mißratenen Spröß-
linge seien bei ihm im Büro abzuholen.

Markus Uhlhorst fing sich eine saftige Backpfeife.

Matthias Kerns Mutter brach in Tränen aus.

Joe Brockmeyers Vater riß seinen Sohn wortlos mit
sich fort.

Stefan Egges Vater erschien schwankend, und es kam
zu einer kurzen Rangelei mit seinem Sohn, der ihm die
Autoschlüssel abnehmen wollte.

Jochen Strehl wurde dazu verdonnert, an den ver-
kaufsoffenen Sonnabenden vor Weihnachten in der Warenausgabe auszuhelfen. Natürlich ohne Bezahlung.

Am Abend dieses unglückseligen Tages erfuhr Markus
Uhlhorst rein zufällig von seiner kleinen Schwester Silke, daß da ein Typ in ihrer Klasse sei, ein windelweicher,
blasser Streber, der Martin Bährlapp hieß.

»Bährlapp?« fragte Markus interessiert. »Hat der einen Vater, der bei Strehl Detektiv ist?«

»Was geht 'n dich das an?« fragte die Kleine kiebig.

»Oder ist das der, der dich heute geschnappt hat?«

»Ist der das oder nicht? Los...«

Silke Uhlhorst kannte ihren Bruder und sagte hastig:
»Ja.«

»Den zeigst du mir morgen in der großen Pause.«

»Und was krieg ich dafür?«

»'n Arschtritt!«

Silke heulte auf, und Markus grinste zufrieden.

Dienstag

Martin Bährlapp kämpfte sich durch das Gewühl in der Pausenhalle. Er ärgerte sich, weil er zu feige gewesen war, Herrn Brasel kurz vor der großen Pause zu fragen, ob er noch mal schnell raus dürfe. Jetzt würden wieder die Großen im Klo herumlungern, die Luft vollpaffen und Sprüche reißen. Der Bruder von Silke Uhlhorst aus seiner Klasse war mit dabei und Jochen Strehl, der Sohn vom Chef seines Vaters. Die anderen kannte er nur so vom Sehen. Vor ihren Sprüchen hatte er am meisten Angst. Aber vielleicht hatte er Glück, und irgendein Aufsichtslehrer machte Kontrolle im Klo, während er gerade drinnen war. Als er sich jedoch umsah, war kein einziger Lehrer im Gewimmel zu erkennen. Mit klopfendem Herzen öffnete Martin die Tür.

Qualm wehte ihm ins Gesicht, und seine Augen begannen sofort zu tränen. Er hörte die Clique schon, bevor er überhaupt um die Ecke zu den Kabinen gebogen war. Das blöde Geblubber und Gelächter machte ihm immer stärker Herzklopfen, und am liebsten wäre er wieder hinausgerannt, aber er mußte so nötig, daß er fast platzte. Und dann sah er sie da stehen. Jeder von ihnen hatte eine Zigarette in der Hand. Als sie Martin sahen, grienten sie breit.

»Na, du Pisser?« rief der mit dem fiesen Gesicht. Das

war der Bruder von Silke. »Willste auch schnell eine durchziehen? Wenn das der Papi wüßte! O Mannomann!«

Martin duckte sich und schlüpfte schnell an der Gruppe vorbei. Dann verschanzte er sich in der nächsten Toilettenkabine. Hier war er erst einmal in Sicherheit. Draußen zogen sie über ihn her. Martin merkte, wie er zu schwitzen begann. Schnell verrichtete er sein Geschäft, dann aber setzte er sich auf die Klobrille und wartete.

»Na, biste ersoffen da drinnen?« grölten sie draußen.

Die Spitzen ihrer Turnschuhe schoben sich unter der Klotür hindurch, und Martin starrte die fleckigen Dinger an, als wären es Schlangen. Plötzlich zischte etwas Heißes ganz dicht an ihm vorbei. Eine Zigarettenkippe. Martin schluckte, und obwohl er es nicht wollte, liefen ihm Tränen übers Gesicht.

»Klosteuer!« schrie einer draußen. »Zehn Mark Klosteuer, und du bist draußen! Und schönen Gruß an deinen Alten, diesen Sack!«

»Wieso?« Martins Stimme war fast weg. »Was meint ihr damit?«

Wütend zischte einer auf der anderen Seite: »Das fragst du noch, du Lappen?«

»Lappen?« johlte einer dazwischen. »Wieso Lappen, Egge? Papis Kleiner ist ein original Lappi. Ein Papilappi ... Und hör mal, Lappi, wenn du dich bei deinem

16

Alten über uns ausweinst, dann erzähl ihm auch, daß du rauchst! Sonst erfährt er es von uns, capito? Also, zehn Mark Klosteuer und Schnauze halten!«

»Aber ich habe doch gar kein Geld hier!« piepste Martin verzweifelt.

»Okay, dann morgen – und wenn nicht, dann ...!« Ihr Lachen biß ihm förmlich in den Ohren.

»Achtung, der Lorentz kommt!«

Martin atmete auf. Lorentz war der schärfste Lehrer an der Schule.

»Alle Mann raus!« kommandierte Lorentz. Martin schoß aus seinem Klo, drückte sich an der Clique vorbei, die so tat, als wäre überhaupt nichts Besonderes geschehen. Lorentz packte Martins Arm.

»Rauchst du etwa auch schon, du Würstchen?«

»Nein!« schrie Martin auf. »Nein, wirklich nicht, Herr Lorentz!«

»Na, wenn ich dich noch ein einziges Mal erwische, dann ...!« Lorentz ließ Martin los, und der verschwand mit gesenktem Kopf in der Pausenhalle.

Bevor er am Ende der Pause in seine Klasse ging, wischte er sich schnell die Tränen vom Gesicht. Aber jeder in der Klasse würde genau sehen, daß er geweint hatte.

Als nach der sechsten Stunde die Glocke schrillte, glich die Schule schlagartig einem Ameisenhaufen. Alle Schüler hasteten hinaus in das naßkalte Wetter. Auch Martin war unter ihnen, aber er trödelte beim Gehen, als wären ihm seine Füße plötzlich zu schwer geworden. Er starrte auf den fleckigen Boden und dachte nach. Er würde sein Sparschwein knacken müssen, um an die zehn Mark zu kommen. Wenn seine Mutter mitkriegte, daß er sein Schwein geschlachtet hätte, dann ... Wenn er aber der Klo-Gang das Geld nicht geben könnte, dann würden sie seinem Vater sagen, daß er rauchte. Und sein Vater würde es glauben. Der glaubte alles, was schlimm war. Martin schluckte und schlurfte widerwillig hinaus in den kalten Nieselregen.

Bis zur Bushaltestelle waren es nur ein paar Schritte über die Gattermannstraße. Das dichte Vorweihnachts-gewühl verschluckte Martin, und er war froh darüber. Er sah nicht nach rechts, nicht nach links, sondern trottete mit gesenktem Kopf dahin. Er grübelte und merkte überhaupt nicht, daß ihm jemand die ganze Zeit über gefolgt war.

»Hallo, Martin!«

Martin fuhr zusammen und wollte davonrennen, aber es waren zu viele Menschen da. Das Schlimmste erwartend, drehte er sich um und erkannte zu seiner Erleichterung, daß es nur Herr Heinz war.

»Ach so, Herr Heinz. Hallo ...«, sagte er zu seinem Klassenlehrer.

»Wen hast du denn erwartet?« lachte Herr Heinz. »Das ist wohl heute nicht dein Tag. Sag mal, ist irgend etwas passiert?«

Martin zögerte, dann meinte er schnell: »Och, nichts«, und sah auf seine Uhr. »Mein Bus kommt gleich, Herr Heinz. Tschüs.« Und weg war er. Herr Heinz sah ihm besorgt nach. Irgend etwas schien den kleinen Bährlapp noch blasser als sonst gemacht zu haben, und er nahm sich vor, ihm am nächsten Morgen noch einmal auf den Zahn zu fühlen.

Kurz vor der Bushaltestelle blieb Martin stocksteif stehen. Da war Jochen Strehl. Ein Gesicht voller Pickel hatte der und die Haare wie geölt. Martin fand ihn widerlich. Schnell duckte er sich hinter zwei dicke Frauen und harrte dort aus, bis die 5 kam, die in Richtung Querenser Forst fuhr. Und dann passierte das Wunder. Jochen stieg ein, die Türen schlossen sich zischend hinter ihm, der Bus schnaufte auf, startete, und Jochen war weg. Martin atmete erleichtert aus. Dann kam die 17, Richtung Weinlingen, und Martin düste los, um noch einen Sitzplatz zu ergattern. Jemand knuffte ihn von hinten gegen einen dicken Mann. »Also, hör mal!« blaffte der los. »Wo sind wir hier denn! Von Benimm keine Spur!«

»Tschuldigung«, murmelte Martin und drehte sich um. Silkes Bruder und der, den sie Egge oder Stefan nannten, hatten grinsend die hinterste Bank in Beschlag genommen und winkten ihm zu. Martin schluckte hilflos und war wütend auf sich selbst, weil er ganz und gar vergessen hatte, daß die beiden auch immer mit der 17 fuhren. Schnell guckte er weg. Sein Herz schlug so laut, daß er das Hämmern durch die dicke Windjacke zu hören glaubte.

In Saßstedt-Dorf verließ Uhlhorsts Kumpel den Bus. »Tschau, Lappi«, zischte er ihm beim Aussteigen zu. »Denk an die Klosteuer und an Papi!«

Martin gab keine Antwort, sondern starrte finster vor sich hin. An der nächsten Haltestelle, Saßstedt-Siedlung, stieg er mißmutig aus, und einen Moment lang hatte er Angst, Uhlhorst könnte ihm folgen, doch der saß noch immer an seinem Platz und sah noch nicht einmal aus dem Fenster.

Die ganze Welt war naß, grau und kalt. Martin kickte eine leere Coladose aus dem Weg. Sie landete direkt vor den Füßen einer Frau, die ihn böse ansah. Schnell ging er nach Hause. Wie üblich hatte seine Mutter auf ihn gewartet, denn die Haustür flog auf, bevor er überhaupt seinen Schlüssel herausgefummelt hatte.

»Na, mein Hase«, begrüßte sie ihn. »Wie war es denn? Komm schnell, wasch dir die Hände. Du mußt doch Hunger haben!«

Nein, wollte Martin sagen, dem plötzlich ein dicker Knoten im Magen wuchs. Er würde nichts runterkriegen. Aber er mußte. Sonst würde sie fragen und hin und her flattern, und alles würde noch schlimmer. Also wusch er sich die Hände, setzte sich an den Eßtisch und würgte ein paar Spaghetti hinunter. Seine Mutter beobachtete ihn kritisch.

»Schmeckt es dir nicht, Hase?«

»Doch, aber . . .« Krampfhaft suchte Martin nach einer Entschuldigung. »Herr Heinz hat heute Schokoküsse ausgegeben. In der sechsten Stunde.«

Die Mutter schüttelte den Kopf. »So ein Blödsinn! Der hat wahrscheinlich keine Familie, für die er kochen muß!«

Dann endlich, es schien Stunden gedauert zu haben, war Martin erlöst. Er konnte sich in sein Zimmer verkrümeln. Zuerst drehte er seine Anlage auf, nicht zu laut, denn sonst gäbe es wieder Gemecker, dann warf er sich auf sein Bett und starrte gegen die Decke. Aber nichts passierte. Kein rettender Einfall. Schließlich stand er auf und machte sich an seinem Sparschwein zu schaffen, das er eigentlich für einen Computer fütterte.

Markus Uhlhorst stieg in Weinlingen-Mitte aus. Entlang der Dorfstraße wurden gerade neue Kabel verlegt, und der Schlamm war knöcheltief. Markus latschte mitten durch die Pfützen und Sümpfe, denn er sah den Dreck gar nicht, weil er an den Lappi denken mußte. Irgendwie brachte die Sache Bock, obwohl es nicht ganz sauber war, was da lief. Der Kleine konnte schließlich nichts dafür, daß sein Alter beknackt war. Trotzdem, ein bißchen Druck würde dem nicht schaden. Und außerdem brachte es Knete.

Knete war wichtig. Das wußte er von seinen Alten. Die redeten von nichts anderem, und wenn die nicht jahrelang gerafft und gerackert hätten, dann wäre jetzt nicht das Häuschen da, klein wie ein Karnickelstall eigentlich, aber immerhin Eigentum und nicht irgendwas Gemietetes.

»Mist!« murmelte Markus, als er sah, daß das Tor der Schuhschachtel – sein Vater nannte das winzige Ding stolz Garage – geschlossen war. Der Alte hatte Schlechtwetter und hing zu Hause herum, unheimlich muffig wahrscheinlich, denn Schlechtwetter brachte weniger Lohn. Wütend trat Markus die Tür zum Vorgärtchen auf. Im gleichen Moment begann ein Hund zu bellen. Markus zog eine Grimasse und holte mit kalten Fingern den Haustürschlüssel aus der Seitentasche, schloß die Tür auf und schob sie vorsichtig nach innen auf. Das Hundegebell wurde noch durchdringender. Der Scheißköter war also wieder im Haus und nicht draußen in seinem Zwinger. Markus schmiß seine Jacke auf die Truhe neben der Tür und wollte gleich nach oben in sein Zimmer gehen.

»Markus?« hörte er seinen Vater aus dem Wohnzimmer rufen.

»Was is'?« brüllte Markus zurück.

»Du sollst mal herkommen!«

Widerwillig folgte Markus dem Befehl. Sein Vater saß im Sessel mit der Hundezeitschrift in der Hand, und vor seinen Füßen lag das Vieh und knurrte böse in Richtung Wohnzimmertür. Das Vieh. Die Töle. Der Scheißköter. Markus hatte fast vergessen, daß der Hund Senta hieß.

»Senta, aus!« sagte sein Vater und strich dem Vieh übers Fell. Dann musterte er Markus von Kopf bis Fuß, und sein vom Wetter gegerbtes Gesicht lief tiefrot an.

»Sag mal, was bildest du dir eigentlich ein? Wann zum Teufel wirst du endlich lernen, daß man sich die dreckigen Schuhe draußen auszieht? Oder glaubst du, deine Mutter hat nichts Besseres zu tun, als deinen Dreck wegzuputzen?«

»Und die da?« Wütend deutete Markus auf Senta, die wieder zu knurren begann. »Das V..., Senta kommt doch auch dauernd mit dreckigen Pfoten rein. Aber das darf die ja, seit sie diesen Scheißhundepokal gewonnen hat! Das beste ist, ich geh in den Zwinger, und Senta kriegt mein Zimmer!«

Patsch! Die Hand seines Vaters klatschte ihm mitten ins Gesicht. Senta sprang heulend an ihm hoch, und Markus riß die Arme nach oben.

»Aus, Senta, laß ihn! Mach dir nicht die Zähne an ihm dreckig. – Dafür gibt es den Riemen, hörst du?« Markus wurde heftig hin und her geschüttelt. »Noch ein einziges Mal diesen Ton, mein Junge, und der Riemen ist wieder fällig. Auch wenn du schon sechzehn bist! Aber das lasse ich mir von dir nicht bieten!« Wieder wurde Markus geschüttelt, und er fühlte sich unter den kräftigen Händen seines Vaters hilflos wie eine Puppe. »Und eins will ich dir auch noch sagen, Markus. Senta hat es immerhin bis zum Deutschen Meister gebracht – doch du, was bist du? Ein unverschämter Jammerlappen. Und jetzt ziehst du

23

deine Jacke wieder über und läufst zu Doktor Reinkens. Sentas Futter ist da. Er hat vorhin angerufen. Und sag ihm, Mutti bezahlt, wenn sie nachher von der Arbeit kommt.«

Markus machte sich von den Händen seines Vaters frei und verließ wortlos das Wohnzimmer. Aber er wagte es nicht, die Tür hinter sich zuzuknallen. Der Alte war schnell. Und der Hunderiemen hing gleich neben der Tür.

Silke, blaß und fett und angeblich krank, hockte auf der Truhe im Flur und machte Glubschaugen.

»Was war 'n los?«

»Hau ab, du nervst!« knurrte Markus. »Und nimm deine Dreckpfoten von meiner Jacke – los, wegnehmen, sage ich!« Er gab ihr einen Stoß in die wabbelige Seite. Sofort begann sie wie am Spieß zu schreien: »Du spinnst wohl! Das sag ich Vati!«

Fluchtartig verließ Markus das Haus.

Ein lausig kalter Wind packte Stefan Egge bei den Haaren, als er kurz vor 22 Uhr in den Sachsenweg einbog. Er schlug den Mantelkragen hoch und nahm einen letzten Zug aus seiner Zigarette. Die glimmende Kippe spuckte er einfach aus. Sie verzischte in einer Pfütze. Vor sich sah er seinen Schatten, schwarz, lang und unheimlich mächtig, wenn das Licht der Laternen im richtigen Winkel darauf fiel. Der neue Mantel kam cool. Morgen, dachte er, spätestens übermorgen hatten die anderen auch dieselbe Klamotte, irgendwie würden sie das Moos schon zusammenkratzen, diese kleinen Scheißer, die nie von alleine irgend etwas auf die Beine brachten. Manchmal kamen sie ihm wie Blechfrösche vor, die man erst aufziehen mußte, um sie zum Springen zu kriegen.

Er lachte leise.

Er war nicht besoffen. Er hatte nur zwei kleine Bier im »Lindentreff« gezischt. Er war nicht wie sein Alter. Er hatte sich immer voll unter Kontrolle und trank nie mehr, als er sich vorgenommen hatte. Meistens jedenfalls.

Von der Christuskirche schlug es zehnmal, und Stefans Schritte wurden immer schleppender, als er den dunklen Umriß des Wohnblocks sah, in dem er mit seinen Eltern wohnte. Eine Katze oder ein Karnickel – irgend etwas, das getreten werden mußte – huschte vor ihm über den Weg, aber es war zu schnell für seine Stiefelspitzen. Fast hätte er das Gleichgewicht verloren und wäre der Länge nach in eine Pfütze geknallt. Aber er war nicht besoffen. Das überließ er seinem Alten.

Als er um die Ecke seines Blocks bog, sah er, daß in der Küche noch Licht brannte. Hinter dem Fenstervorhang wurde eine Gestalt sichtbar, breit und kurz. Egon Egge, sein Vater. Der Mann mit dem Kamelsdurst, der täglich acht Stunden bei FeiGü ackerte, ohne dabei einen einzigen Tropfen zu trinken; kaum aber war er zu Hause, holte er alles in Rekordzeit nach und soff wie ein Tier. Wie der es schaffte, morgens überhaupt aus dem

Bett zu kommen, war Stefan bisher ein Rätsel geblieben. Als er seinen Vater dort oben hinter dem Vorhang schwanken sah, hätte er sich am liebsten wieder in den »Lindentreff« verzogen. Doch dort waren gegen neun die Glatzen aufgetaucht und hatten nach Ärger gestunken. Und damit wollte er nichts zu tun haben.

Gerade als er die Haustür aufschließen wollte, kam ihm Frau Selbmann mit ihrem asthmatischen Dackel entgegen. Sie runzelte die Stirn, als sie ihn sah, dann wandte sie den Kopf zum Treppenhaus und flüsterte: »Also, ich kann dir sagen, da war vorhin die Hölle los bei euch da oben, Stefan. Du darfst deine Mutter nicht immer mit ihm allein lassen ...«

»Die ist erwachsen!« sagte er grob und drängte sich an der Selbmann vorbei. »Ich bin nicht ihr Kindermädchen!«

Die Selbmann verzog das Gesicht und meinte scharf: »Na, so wie du riechst, trittst du wohl in seine Fußstapfen! Womit hat deine Mutter das bloß verdient!«

»Wenn die nur für fünf Pfennig Grips im Schädel hätte, dann hätte die längst die Kurve gekratzt!« Damit lief er die Treppen hinauf. Die Selbmann quakte irgend etwas Wütendes hinter ihm her, aber es interessierte ihn einen Dreck.

Als er in die Wohnung kam, hing wieder dieses widerliche Gemisch aus Raumspray, Zigarettenmief und Alkohol in der Luft. Ihm war zum Kotzen. Sogar im »Lindentreff« roch es besser. In der Küche lag eine zersplitterte Flasche auf dem Boden. Sein Vater hatte sämtliche Schubladen aufgezogen und stierte mit glasigen Augen hinein. Blut tropfte von seinem rechten Daumen.

»Mann, Papa, du saust hier ja alles ein!« schnauzte Stefan seinen Vater an. »Und was soll dieser Scheiß mit den Schubladen?«

»Aber ich – hck – bl-blute doch«, stammelte sein Vater und wischte sich den Daumen an der Hose ab.

»Laß das, Papa. Da kommt Dreck rein, und dann bist du hin. Nimm dir doch irgendein verdammtes Pflaster!«

»Finde keins. Hat sie wieder versteckt. D-die versteckt alles, d-diese Frau. D-deine Mutter. Die bl-blutet auch.« Sein Vater schwankte wieder und wollte sich an einer Schublade abstützen, doch er riß sie aus der Halterung, verlor dabei das Gleichgewicht und ging krachend zu Boden.

»Scheiße! Scheiße! Scheiße!« schrie Stefan. »Wo ist sie?«

Sein Vater blickte verständnislos zu ihm auf. Wässerige Tränen rollten aus seinen Augen.

»Wo Mutti ist, will ich wissen!«

»Drüben«, murmelte sein Vater. »Und der v-verdammte Schwü-Schlüssel ist drinnen...«

Stefan stürmte zum Wohnzimmer und rüttelte an der Tür. »Mutti!« brüllte er. »Mach auf! Ich bin's, Stefan!« Nach ein paar Sekunden wurde vorsichtig der Schlüssel

27

im Schloß herumgedreht, und die Tür öffnete sich einen Spalt. Als er in das verweinte Gesicht seiner Mutter sah, packte ihn wieder die eiskalte Wut. »Warum läßt du dir das alles von diesem Sack gefallen? Was muß denn noch passieren, bis du kapierst, daß der hier wegmuß! Der braucht 'ne Kur!«

»Sprich nicht so von deinem Vater, Stefan.« Die Finger, mit denen sie sich eine Strähne aus der Stirn strich, waren blutverschmiert. »Er hat nicht geprügelt, so etwas tut dein Vater nicht. Ich wollte ihm nur die Flasche wegnehmen, und da ist es eben passiert.«

»Wenn der nicht geht, dann gehe ich!«

»Stefan, so darfst du nicht reden!«

»Ach, leckt mich doch alle . . .« Und er verschwand in seinem Zimmer. Die Tür schloß er hinter sich ab, denn er wollte nicht wieder diese verweinte Stimme hören, die den Alten zu rechtfertigen versuchte, und dann das Gerede von Gott und Beten und daß der richtige Glaube dem Alten schon helfen werde.

Der Gott, dachte Stefan böse, der seinen Vater von der Flasche kriegen und seine Mutter vernünftig machen würde – dieser Gott mußte erst noch geboren werden.

Mittwoch bis Donnerstag

Thomas zwickte ihn in den Oberschenkel. »Ey, pennst du, Martin?« flüsterte er und versetzte ihm zusätzlich noch einen Knuff.

Martin schreckte hoch.

»Na, Martin? Noch nicht ganz durchgebacken heute morgen?« hörte er jetzt Herrn Heinz' Stimme. »Irgendwelche größeren Probleme? Mafia? Harte Drogen? Oder ein Erdbeben in Saßstedt-Siedlung? Los, Martin, pack aus!«

Herr Heinz grinste. Martin vermied es, ihm in die Augen zu sehen.

»Na gut, Martin, größere Probleme gibt es nicht, knöpfen wir uns also die kleineren vor. Wir nähern uns einem Biotop – und was findest du da vor, Martin?«

Nichts. Absolut nichts. Martins Mund öffnete sich und schloß sich gleich wieder. Er sah nicht nur aus wie ein Fisch, der nach Luft schnappte, er fühlte sich auch so. Thomas murmelte irgend etwas von Lebensraum und Organismen, aber es rief nichts in ihm wach. Alles, was er gestern abend zusammen mit seinem Vater gelernt hatte, war wie weggeblasen.

»Komm, Thomas, sei still, du Zwerg. Du machst doch unserem Riesen nichts vor!« Herr Heinz war näher herangekommen und schüttelte den Kopf. Es stimmte,

Martin war eigentlich ein Bioriese, stand glatt Zwei und hatte noch nie Probleme in diesem Fach gehabt. Jetzt aber war alles wie weggekippt, was er gewußt hatte. Er brachte nicht einmal ein Wort hervor, sondern lief rot an. Er spürte, wie sein Gesicht brannte.

»Na«, sagte Herr Heinz, »du solltest öfter mal nichts wissen. Die roten Bäckchen stehen dir gut. Aber nicht zu oft, Martin – nicht zu oft! Das drückt sonst auf die Zwei.« Dann fragte er Ines nach dem Biotop. Martin hörte hin, aber die Worte gingen durch ihn hindurch, ohne Spuren zu hinterlassen.

Und dann kam die Angst. Sie saß in seinen Händen. Die zitterten, als er verstohlen nach der Uhr schaute. Die Angst kribbelte in seinem Bauch, rauschte in seinen Ohren. Die Angst fraß sein Denken auf, so daß er nicht mehr in der Lage war, sich zu sagen, daß er doch gar keine Angst zu haben brauchte. Er hatte das Geld. Was konnte ihm schon passieren?

Von seinem Platz aus konnte Martin den Schulhof sehen. Die kahlen Bäume schüttelten sich im Wind, und ein Schwarm fetter schwarzer Krähen machte sich über den Inhalt der Papierkörbe her. Wieder mußte Martin an die Großen denken. Sie waren eine richtige Gang, eine Mafia. Herr Heinz hatte gar nicht gewußt, wie recht er vorhin gehabt hatte. Die Typen pflückten ihn auseinander, ohne daß er sich dagegen wehren konnte.

Als es endlich klingelte, hätte er am liebsten beides gleichzeitig getan: wegrennen und sich totstellen.

»Martin?« rief Herr Heinz, als er gerade seine Tasche nehmen und gehen wollte. »Komm doch mal her, Martin – irgend etwas stimmt doch mit dir nicht. Hast du Ärger?«

»Nein, nein, Herr Heinz«, sagte Martin schnell und sah zum Fenster, und als hätte ihn der Teufel dort hinbestellt, tauchte mit einem Mal Egges Kopf draußen vor der Scheibe auf. Ob er ihn und Herrn Heinz gesehen hatte, konnte Martin nicht erkennen, aber der Anblick reichte aus, um ihn zur Flucht zu treiben. »Ich muß noch mal wohin«, stieß er hervor und ließ den verblüfften Herrn Heinz einfach stehen.

Martin jagte den Gang entlang. Er rempelte an und wurde angerempelt. Beinah wäre er über die Tasche der dicken Silke Uhlhorst gestolpert, die an einer Banane mampfend auf der Bank in der Pausenhalle saß. »Mann, paß doch auf, wo du hinlatschst, du Spackel!« fuhr sie ihn an.

Mit klopfendem Herzen blieb Martin stehen. Die Tasche! Seine verdammte Schultasche lag noch im Bioraum. Und in der Tasche war sein Geld.

Trag dein Geld stets am Körper, sagte sein Vater immer. Sein Vater hatte recht. Sein Vater hatte immer recht.

Martin kämpfte mit den Tränen. Im gleichen Moment packte ihn eine Hand grob am Arm. »Ey, sag mal, Lappi, ist hier das Klo? Oder wie seh ich das? Erste große Pause im Klo war abgemacht, du Würstchen!«

Die Hand gehörte Markus Uhlhorst.

Herr Heinz ging durch die Pausenhalle, aber er sah Martin und Markus nicht, sondern winkte Herrn Zibbich zu, der gerade vom Schulhof hereinkam, und rief: »Mensch, gut, daß ich dich treffe, Horst! Wir müssen uns unbedingt mal zusammensetzen!«

Silke Uhlhorst saß immer noch kauend auf ihrer Bank und blätterte in einer Teenie-Zeitschrift.

Überhaupt, keinem fiel das unpassende Paar auf, das mitten in der Pausenhalle stand.

»Los, mitkommen, Lappi!« Uhlhorst zog an Martins Arm, als wäre er aus Gummi.

»Meine Tasche ...«, würgte Martin hervor, »meine Tasche ist im Bioraum eingeschlossen! Und das Geld ist da wirklich drin – und ich verspreche euch – ich werde...«

»Nun heul doch nicht gleich, Lappi. Hol dir den Schlüssel, hol deine Tasche, dann löhnst du, und alles ist Sahne. Ansonsten ...« Er grinste.

Martin konnte diese widerliche Grimasse nicht mehr sehen, die das Markenzeichen der Gang zu sein schien.

»Na los, Lappi, du könntest schon längst wieder dasein!« Uhlhorsts Rippenstoß beförderte ihn quer durch die Pausenhalle, und Martin floh die Treppen zum Lehrerzimmer hinauf, um sich den Schlüssel für den Bioraum zu besorgen. Er klopfte zaghaft. Niemand öffnete. In Panik geratend, bollerte er lauter, und plötzlich wurde die Tür heftig aufgerissen. Wie ein Springteufelchen schoß Frau Huhn auf ihn los.

»Wer so unverschämt an anderer Leute Türen donnert, der kann sehen, wo er bleibt!« Rumms, flog die Tür wieder zu. In seiner Verzweiflung hätte Martin am liebsten in das Holz gebissen.

Dann wurde die Tür wieder geöffnet, und Frau Huhn fragte wesentlich freundlicher: »Wen oder was willst du denn, Martin?«

»Den Schlüssel ...«, stammelte er. »Den Schlüssel zum Bioraum, Frau Huhn.«

»Da mußt du warten, bis einer von den Biolehrern kommt, Martin. Ich habe keinen. Ach, warte mal, da ist Herr Langner. Vielleicht hast du Glück, und er muß gerade runter.«

Martin hatte Glück, aber es reichte nicht weit genug, denn als Herr Langner ihm den Bioraum aufschloß, war die Pause gerade vorbei. Die Zeit reichte kaum noch, um rechtzeitig vor Herrn Brasel in der Klasse zu sein.

Die Stunde war ein einziger Schrecken. Brasel war streng und muffig wie immer, und Martin war froh, daß ihn Sven Weitzkes breiter Rücken die meiste Zeit verdeckte. Er hätte auf keine von Brasels Fragen eine Antwort gewußt. Kurz vor dem Klingeln platzte Herr Langner in die Klasse und verkündete so laut, daß man es mindestens drei Räume weiter noch hören konnte, bei Frau Dr. Roth im Haus habe es leider einen Wasserrohrbruch gegeben und deswegen sei sie un-ab-kömm-lich,

33

und da er leider keine Vertretung für sie habe, müßten die beiden letzten Stunden leider!! ausfallen.

Der Jubel war unbeschreiblich. Frau Dr. Roth war noch unbeliebter als Brasel. Der stand die ganze Zeit mit verkniffenem Gesicht dabei und verdoppelte, als Langner türenknallend verschwunden war, sofort die Hausaufgaben. Sie hätten ja nun genügend Zeit, meinte er.

Dann klingelte es, und Martin wurde wie in einer Woge einfach mitgerissen. Er dachte nichts. Er rannte nur. Weg. Ganz schnell weg. Den Bus um 10 Uhr 46 würde er gerade noch schaffen.

Erst als er in der 17 saß, begriff er, wie kopflos er gehandelt hatte. Die Gang würde glauben, er hätte gekniffen. Die würden ihn fertigmachen.

Er umklammerte die Tasche auf seinen Knien, bis seine Knöchel weiß wurden. Dann sah er Silke Uhlhorst, die drei Reihen vor ihm saß. Er würde Silke das Geld geben.

Unmöglich.

Aber er konnte Silke sagen, daß – daß ...

Im schlingernden Bus arbeitete er sich nach vorne und setzte sich auf den leeren Platz neben Silke. »Was is'?« fragte sie.

»Kannst du dem Markus was sagen?«

»Wem?«

»Na, deinem Bruder. Ich – ich treffe ihn morgen. Sag ihm das. Morgen bin ich ganz bestimmt da!«

Irgend etwas in seiner Stimme mußte Silke stutzig gemacht haben, denn sie sah ihn plötzlich aufmerksam aus ihren kleinen blauen Augen an.

»Baut der mal wieder Scheiße?«

»Quatsch«, sagte Martin schnell.

»Mir auch egal«, meinte Silke achselzuckend. »Wenn du dich mit dem abgibst, dann ist das deine Sache. Gut, wenn ich dran denke, werde ich's ihm sagen.«

»Okay, danke«, murmelte Martin. Dann, als er aus dem Fenster sah, sagte er laut: »Mist!« Er hatte die Haltestelle Saßstedt-Siedlung verpaßt, und nun würde ihm nichts anderes übrigbleiben, als im vollen Nieselregen die zwei Kilometer nach Hause zurückzutraben.

Wann, dachte er, hört diese verdammte Pechsträhne denn endlich auf? Er nahm seinen Ranzen und stellte sich an den Ausgang, ohne noch irgendein Wort an Silke zu richten. An der Haltestelle Weinlingen-Deutsche Eiche verließ er den Bus. Regen peitschte ihm ins Gesicht, und rasch zog er sich die Kapuze über den Kopf. Dann aber überlegte er es sich anders und riß sie wieder zurück. Würden seine Haare naß, dann bekäme er vielleicht eine Erkältung und müßte ins Bett. Keine Schule. Keine Gang. Blödsinn, dachte er und kroch doch wieder unter die Kapuze. Er durfte nicht krank werden. Er mußte ihnen doch das Geld geben.

Ein bißchen Glück hatte er aber doch, denn als er mit gesenktem Kopf die Straße entlangtrottete, hupte es plötzlich hinter ihm, und gleich darauf hielt ein feuerroter Golf neben ihm an der Bordsteinkante.

35

»Na, Martin?« rief eine vertraute Stimme. »Für Spaziergänge ist es heute wohl ein bißchen zu garstig! Komm, steig ein.« Es war eine Nachbarin, Frau Schubert, die gerade mit ihren Katzen vom Tierarzt in Weinlingen kam und ihm nun lang und breit erzählte, was die Viecher alles angestellt hatten. Martin war es egal. Er war nur froh, daß er im Trockenen saß und nichts reden mußte.

Unten in der Küche klapperte seine Mutter mit dem Geschirr. Martin stopfte sich die Finger in die Ohren, denn er versuchte verzweifelt, Vokabeln zu lernen. Aber es war wie verhext. Sein Kopf war das reinste Sieb. Dann, trotz der Finger in den Ohren, hörte er unten im Flur das schrille Klingeln des Telefons. Sein Herz hämmerte bis in den Kopf. Das war die Gang. Die hatten die Nase voll und riefen an. »Frau Bährlapp, Ihr Lappi raucht, hahaha!«

Er schlich zur Tür, öffnete sie vorsichtig und lauschte nach unten in den Flur. »Na, prima, Ilse!« sagte seine Mutter gerade. »Dann also bis Sonntag. Und ihr bringt den Kuchen mit?«

Erleichtert zog sich Martin zurück. Es war nur Tante Ilse aus Damke gewesen.

Aber wenn das Telefon wieder ging ... Er zwang sich, nicht daran zu denken, und setzte sich wieder an den Schreibtisch. »Arrow«, murmelte er. Und »arrow« hieß ... Verdammt noch mal, er wußte es nicht mehr. Er schlug das Englischbuch auf. Pfeil. Arrow – Pfeil. Fight – Kampf. To fight, ff-fighted? Fought! Am liebsten hätte er auf dem Englischbuch herumgetrampelt. Aber er wußte, was Lorentz mit den Leuten machte, die ihre Vokabeln nicht konnten. Also noch einmal: to fight, fought, have fought. Battle – Schlacht. Martin dachte an das andere Schlachten. Und genau das würde morgen passieren. Die Typen vom Klo würden ihn schlachten, sobald sie ihn sahen, und was dann noch von ihm übrigblieb, würde Lorentz in der Luft zerfetzen, weil er die Vokabeln nicht konnte.

Ihm war richtig schlecht. Er sah keinen Ausweg. Er hatte nicht einmal einen Freund, mit dem er über alles reden konnte.

Es begann schon dunkel zu werden, als Martin unten auf der Straße das Auto seines Vaters hörte. Die Hausaufgaben waren immer noch nicht fertig. Hastig klappte er sein Geschichtsbuch auf. Auch hier war nur von Kämpfen und Schlachten die Rede, aber er tat so, als würde er lernen, denn sein Vater, der gleich seinen Kontrollgang machen würde, mochte es überhaupt nicht, wenn er einfach nur so herumsaß und Löcher in die Luft starrte.

»Na?« fragte Herr Bährlapp, als er keine zwei Minuten später zu Martin ins Zimmer kam. »Sag bloß, du bist immer noch nicht fertig!«

»Doch«, log Martin. In seinem Bauch kribbelte es ganz eigenartig.

»Na gut, dann zeig mir mal dein Hausaufgabenheft.«

Martin schob es ihm hin.

»Vokabeln zuerst!« Herr Bährlapp nahm das Englischbuch, und genau das, was Martin befürchtet hatte, trat ein: Er wußte überhaupt nichts mehr. Dann waren die Matheaufgaben falsch, die Zeichnung für Erdkunde war unordentlich, und von Geschichte hatte er keinen blassen Dunst.

»Bis zum Abendbrot sitzt alles tiptop, junger Mann. Ansonsten kannst du das Fernsehen für heute abend streichen! Haben wir uns verstanden?«

Martin nickte. Er hatte verstanden. Sein Vater redete immer sehr laut.

Trotzdem schaffte er es nicht. Das Sieb war noch immer in seinem Kopf, und als sein Vater gegen sechs wieder nach ihm sah, bekam er das bekannte »Na, dann bleibst du eben hier sitzen, bis es sitzt!« zu hören. Und er blieb sitzen und versuchte, irgend etwas in seinen Kopf zu packen, was gar nicht hineinwollte. Unten hörte er den Fernseher laufen, und er wußte, daß seine Mutter nur auf den Moment wartete, bis sein Vater eingenickt war, um dann noch ein bißchen Abendbrot nach oben zu bringen.

Sie kam kurz nach acht mit ein paar belegten Brötchen. »Schnell«, sagte sie. »Iß schnell auf. Er muß es nicht merken.«

Das sagte sie immer.

Die Brötchen lagen Martin wie Steine im Magen. Die Brötchen hielten ihn wach, als er sich längst zu Bett gelegt hatte. Die Brötchen machten ihn krank. Überhaupt alles. Und er würde nie mehr schlafen können.

Dann schlief er ein und ... *Martins Traum*

... er geht durch die Schule. Kein Mensch ist da. Nur das Quietschen seiner Turnschuhe ist zu hören. Und der Sturm. Draußen drischt ein Unwetter auf die kahlen Bäume ein. Gleich werden die großen Fenster in der Pausenhalle zersplittern, und er rennt. Aber die Halle wird immer größer. Der Boden unter seinen Füßen kippt einfach weg. Dann ist da auf einmal die Tür zur Jungentoilette. In Panik klammert sich Martin an der Klinke fest. Sofort springt die Tür auf. Und da warten sie schon auf ihn, Stefan, Jochen, Markus und Joe. Jochen steht hinter einer Kasse und zieht wieder sein fieses Gesicht.

»Knete!« sagt Jochen und läßt die Kasse auf- und zuschnappen.

»Klo-steu-er, Klo-steu-er«, rappen die anderen.

Martin bringt kein Wort heraus. Plötzlich rollen überdimensionale Geldstücke auf ihn zu, und er rennt in eine Klokabine, stolpert und plumpst in eine Kloschüssel und wird immer kleiner, während die Schüssel so groß wie ein Tauchbecken wird.

»Ab-sau-fen, Ab-sau-fen!« grölt die Gang und zieht an der Kette. Hilfe!! will Martin schreien. Aber es kommt nur ein Gurgeln.

»Lappi!« brüllen sie hinter ihm her. »Papilappi ...«

»Hase, du mußt jetzt aber wirklich aufstehen!« Frau Bährlapp rüttelte Martin an der Schulter.

Martin saß wie zerschlagen im Bus und versuchte, den blöden Traum zu vergessen. Aber es klappte nicht, obwohl er genug Geld dabeihatte. Er würde zahlen können, sogar das Doppelte, wenn sie es verlangten. Er könnte sie sogar anzeigen, denn was sie machten, war Erpressung. Doch er wußte, daß er es nie wagen würde, zur Polizei oder zu Herrn Heinz zu gehen. Sie würden ihn nur noch mehr unter Druck setzen. Außerdem hatten sie jede Menge Kumpels. Er hatte niemanden.

An der Haltestelle Gattermannstraße verließ er den Bus als letzter. Er trödelte. Er überlegte, ob er vielleicht schwänzen sollte. Doch dann ging er einfach weiter.

Sie warteten vor dem Eingang auf ihn.

Trotzdem ging er weiter. Wo sollte er hin.

Sie grinsten und stellten sich in einer Reihe vor der Tür auf. Er konnte nicht vorbei.

»Ey, Lappi, wo warst 'n gestern? Zinsen, Lappi! Weißt du überhaupt, was Zinsen sind? Hundert Prozent Zinsen – oder du bleibst draußen!«

»Und eins kannst du dir hinter die Ohren schreiben – wenn du noch mal die Silke mit reinziehst, dann kostet dich das 'n Lappen extra! Kapiert?«

Martin sagte gar nichts. Ein dicker Knoten war in seinem Hals.

Herr Langner kam. Sofort kesselten sie Martin ein und grüßten übertrieben laut: »Guten Morgen, Herr Langner!«

»Kommt, kommt«, sagte Herr Langner ungeduldig, »ihr sollt hier nicht herumstehen und rauchen!«

»Aber wir rauchen doch gar nicht, Herr Langner!«

»Na, bei euch weiß man nie! Stefan und Markus, kommt mal mit. Ich brauche jemanden zum Tragen.«

Martin blieb mit Jochen und Joe zurück. »Los, her jetzt endlich mit der Knete«, sagte Joe. »Oder ...« Und er kickte mit dem Knie genau zwischen Martins Beine. Tränen schossen ihm in die Augen. Seine Hände zitterten so sehr, daß er kaum die Fünfmarkstücke aus der Tasche fummeln konnte.

Joe steckte das Geld ein, und dann waren er und Jochen verschwunden, als hätte es sie nie gegeben.

Langsam humpelte Martin durch die Pausenhalle zu seiner Klasse.

Donnerstag nachmittag

»McBrech« nannte die Gang das Fast-Food-Restaurant, das schräg gegenüber von Strehls Kaufhaus lag. Seit letzter Woche aber brüllten sie den Namen nicht mehr ganz so laut durchs Lokal, es wurden auch weniger Pommes unter ihrem Tisch zertreten, und sogar die Shakes blieben eigenartigerweise aufrecht stehen. Schuld daran war Frau Kühlmann. Sie brachte hinter dem Tresen nicht nur das Öl zum Sieden, sondern haute auch der Gang eins aufs Maul, indem sie einfach nur sagte: »Ich rufe gleich nach dem Geschäftsführer! Ihr seid hier nicht im Stall bei die Schweine!« Zuerst hatten sie noch über die Dicke mit den Sauerkrautlöckchen gelacht und ihr komisches Deutsch nachgeäfft. Die Frau redete nicht nur falsch, die hatte auch einen Akzent, als wäre ihr ein Stück Burger im Hals steckengeblieben. Jedes Wort schien sie hervorzuwürgen. Aber sie hatten zu laut gelacht. Die Dicke hatte tatsächlich den Geschäftsführer geholt. Peinlich für Markus, denn der McBrech-Häuptling und sein Vater waren Schützenbrüder. Markus kannte den Mann vom Sehen und wußte, daß er Berger hieß. »Beim nächsten Mal«, hatte Herr Berger gesagt und Markus dabei mit so einem Das-hätte-ich-nicht-von-dir-gedacht-Blick gemustert, »beim nächsten Mal fliegt ihr raus! Und Hausverbot! Capito?« Und irgendwie hatten sie alle gemerkt, daß Herr Berger nicht nur bellen, sondern auch beißen würde. Daraufhin hatten sie ihre Lautstärke gesenkt und mampften nun nicht mehr wie die Schweine am Trog.

Auch an diesem Donnerstag ging es für die Verhältnisse der Gang relativ gedämpft zu.

»Ey, Jochen«, meinte Stefan, der gerade stirnrunzelnd sein Geld zählte, »du könntest ruhig mal eine Runde Burger schmeißen.«

»Kauf dir dein Fressen selber«, knurrte Jochen gereizt. »Ich bin pleite.«

»Echt?« Stefan grinste. »Hat dein Alter den Muttis zu wenig Blusen verkauft?«

»Laß meinen Alten aus dem Spiel. Der nervt.« Jochen blickte trübe aus dem Fenster auf die andere Straßenseite, wo die farbige Reklame an der Kaufhauswand aufleuchtete und wieder verlosch, aufleuchtete, verlosch, immerzu, unaufhörlich: Frohes-Fest-mit-Strehl-Frohes-Fest-mit-Strehl ...

»Scheiß auf meinen Alten!« sagte Jochen mehr zu sich selbst.

»Terz?« fragte Markus und sah sich nach Frau Kühlmann um. Die stand hinter dem Tresen und hatte alles scharf im Auge.

»Auch«, meinte Jochen. »Der schließt den Schrank jetzt ab.«

»Was für 'n Schrank?« Stefan hatte seinen Geldbeutel wieder eingesteckt und beugte sich neugierig vor.

43

1. Erwähung
Schüler

»Den unten in der Bar bei uns. Ich kann da nicht mehr ran.«

»Nachschlüssel«, schlug Joe vor.

Jochen zog eine Grimasse. »Spinn doch nicht rum, du Scherzkeks. Das mit der Fete morgen ist gelaufen. Kannst Limo trinken. Limo nackt, wie 'n Lappi.«

Matthias klopfte seinen Burger breit. »Scheiße«, sagte er. »Absolut keine Chance, das Ding irgendwie aufzubrechen?«

»Null.«

»Dann müssen wir eben zusammenschmeißen und irgendwas kaufen, Rum oder so«, schlug Stefan schließlich vor, nachdem sie eine Weile stumm und sauer vor sich hingestarrt hatten. Also zählten sie ihr Geld. Doch nach dem Abzug der Zeche bei McBrech blieben ihnen noch genau sieben Mark dreiundvierzig. Das gab ungefähr zwei Flaschen Lambrusco von Aldi, aber nie im Leben Rum.

»Lambrusco? Hier!« Stefan tippte sich an den Kopf. »Ihr seid doch nicht ganz dicht! Wie wollt ihr den denn in die Schule reinkriegen? Unterm Pullover etwa und den Lehrern erzählen, ihr seid schwanger?« Da vergaßen sie die dicke Kühlmann und den McBrech-Häuptling Berger und schlugen sich grölend auf die Schenkel.

»O Mannomann«, stöhnte Stefan, »wenn ich mir vorstelle, was der Langner für ein Gesicht machen würde. Oder die Rotarsch!«

»Psst!« Markus hatte die Kühlmann plötzlich wieder

44

im Blick, und es kam ihm so vor, als wären ihre Ohren während der letzten Minuten enorm gewachsen. »Dreht den Ton leiser!«

»Sind wir hier in der Jugendherberge oder was?« brauste Stefan auf, aber dann bremste er sich und guckte böse vor sich hin, während Jochen leise brummelte: »Scheißlambrusco! Beulchenwasser! Lappiwasser! Das Zeug rühr ich nicht an.«

»O Mann, wir sind so blöd! So bescheuert! Da hätten wir gleich drauf kommen sollen!« Matthias grinste triumphierend. »Unser Lappi wird noch einmal löhnen! Der bezahlt uns den Stoff! Der trägt den uns auch rein – ich meine, kein Lehrer filzt Lappis.«

»Aber wenn der keine Knete mehr hat?« wandte Markus ein.

»Dann muß er sich eben was besorgen. Nicht unser Problem!« meinte Stefan und biß mit Appetit in Jochens Burger. Dann verschluckte er sich, weil er so lachen mußte, denn gerade in diesem Moment kamen der Lappi und die Lappimutti über die Straße. Und ihr Ziel hieß offenbar McBrech.

Martin sah die Gang sofort. Die Typen saßen am Fenster und schienen sich tierisch zu freuen. Unwillkürlich machte er einen Schritt zurück.

»Na, was ist jetzt, Hase?« Seine Mutter stieß ihn vorwärts. »Du wolltest doch unbedingt hierher!« Sie blickte sich naserümpfend um. »Dieser Fettgeruch! Das zieht alles in deine neuen Sachen!«

»Dann gehen wir eben wieder, Mutti.« Martin wollte sich umdrehen, doch seine Mutter hielt nichts von hü und hott, erst rein und dann wieder raus, und außerdem brauchte sie endlich einen Kaffee.

Der Einkaufsbummel war Streß gewesen. Frau Bährlapp hatte auf grünen Cordhosen bestanden. Die sahen so nett aus. Dabei trug kein Mensch Hosen aus Cord in einem ekelhaft sumpfigen Grün. Selbstverständlich hatten sie in der Kinderabteilung bei Strehl eingekauft, denn erstens gab es da Angestelltenrabatt, und zweitens waren die Sachen solide, kein modischer Firlefanz wie im »Black Box« gleich neben dem Kaufhaus.

Und zum Schluß mußte Martin auch noch danke sagen.

Martin haßte die neuen grünen Cordhosen.

Seine Mutter zählte das Geld in ihrem Portemonnaie. Dann sah sie sich ungeduldig um. »Sag mal, Hase, wo bleibt denn hier bloß die Bedienung?« Gerade als Martin ihr erklären wollte, daß sie selber gehen müsse, begannen sie ein paar Tische weiter zu sticheln: »Die Oma weiß noch nicht mal, daß sie sich das Fressen hier abholen muß!«

Frau Bährlapp hörte es deutlich. Sie wurde rot und schaute sich empört um. »Sag mal, Martin, kennst du diese Jungen da drüben etwa?« fragte sie.

»Nein, nein, Mutti«, stammelte Martin, »keine Ahnung, wer das ist. Soll ich uns jetzt was holen?«

Seufzend legte Frau Bährlapp einen Zehnmarkschein

auf den Tisch. »Eins sage ich dir, Martin, das nächste Mal gehen wir wieder ins Café Krone!«

Als Martin zum Tresen ging, schlug er einen großen Bogen um die Gang. Seine Hände schwitzten, aber trotzdem war ihm irgendwie kalt, und als er zu der Mutter zurückkehrte, zitterte das Tablett in seinen Händen. Dann hörte er sie wieder. »Guckt euch mal diesen süüüßen Lappi-Pullover an! Hat Mami den Kleinen fein rausgeputzt! Mannomann! Ey, willste eine mit uns rauchen? Das macht groß und stark!«

Martin wäre beinahe gestolpert. Er haßte seinen Pullover. Der war pink, und mitten auf der Brust grinste ein Alf.

»Mein Gott«, sagte seine Mutter, als er das Tablett auf dem Tisch abstellte, »was sind denn das für ungezogene Bengel da drüben. Und du kennst die wirklich nicht?«

»Vielleicht sind die auf unserer Schule«, wich Martin aus.

Mit spitzen Fingern öffnete Frau Bährlapp den Deckel des Kaffeebechers und murmelte: »Nein, wirklich, was für eine grausige Imbißstube! Hier bin ich das erste und letzte Mal gewesen!« Sie nahm einen Schluck von ihrem Kaffee und zog ein Gesicht, als wolle sie ihn sofort ausspucken, doch im letzten Moment beherrschte sie sich und schob den Becher mit Nachdruck beiseite.

»Komm, Martin, wir gehen. Die verkaufen einem hier ja das reinste Abwaschwasser! Deine Pommes kannst du auch draußen essen.« Frau Bährlapp schnappte ihre Einkaufstüten und drängte sich, ohne auf Martin zu warten, an den Tischen vorbei zum Ausgang. Martin fuhr hastig in seine Jacke. Es hielt ihn keine Sekunde länger in diesem Käfig.

Aber sie fingen ihn ab. Kurz bevor er den Ausgang erreicht hatte, stand plötzlich einer von denen da und versperrte ihm grinsend den Weg. »Morgen in der Schule sehen wir uns. Verstanden, Lappi? Und wehe, wenn nicht – dann weiß Mutti ziemlich plötzlich, daß ihr Kleiner raucht!«

Tränen schossen Martin in die Augen. Was zum Teufel hatten sie jetzt wieder mit ihm vor?

Im Fahrstuhlvorraum roch es mal wieder vollkommen nach K. & K. Kohl und – na ja. Manche Leute waren eben zu faul, mit ihren Kötern bis vor die Tür zu gehen. Vielleicht war ihnen das totgetrampelte Rasenstück neben den Müllcontainern zu dreckig für ihre lieben Tierchen. Matthias Kern rümpfte die Nase und versuchte möglichst wenig zu atmen, während er ungeduldig auf den Fahrstuhlknopf drückte, der von unzähligen Zigarettenkippen zu einer schwärzlichen Warze verformt worden war. Endlich – ein leises Pfeifen und Quietschen im Fahrstuhlschacht. Der Lift hielt knarrend, Matthias stieg ein, drückte auf die Zwölf und holte sofort eine kleine Feile aus der Tasche, um das Werk fortzusetzen, das er vorige Woche begonnen hatte. Der wahre Künstler arbeitet allein, dachte er, und schabte feine blaue

Kunststofflocken von der Kabinenwand, auf der handtellergroß die Umrisse eines Frauenkörpers zu erkennen waren. Er würde noch Tage brauchen, vielleicht sogar noch ein, zwei Wochen, bis er das, was er sehen wollte, vollendet hatte, denn nicht immer hatte er das Glück, allein im Fahrstuhl zu sein. Meist war die Kabine überladen mit Kindern und Kötern und Krampfader-Ladies und deren knurrigen Knackern.

Mit einem Ruck hielt der Lift. Matthias fluchte leise, denn er war mit der Feile abgerutscht. Aber der Schaden war nicht allzu groß. Nur wer wußte, wie das Bild einmal werden sollte, konnte ihn sehen. Schnell, bevor sich die Sicherheitstür wieder schließen konnte, verließ er die Kabine und ging, mit jedem Schritt langsamer werdend, auf die gegenüberliegende Wohnungstür zu. Seine Laune war auf den Nullpunkt gesunken. Es war kurz nach halb fünf, und seine Mutter war mit Sicherheit schon zu Hause. Sie kam immer ziemlich früh, wenn sie einen Neuen hatte. Und den brachte sie in der Regel mit. Als ob die Kerle keine eigene Wohnung hätten. Einen Moment lang zögerte Matthias, dann zog er seinen Hausschlüssel heraus und öffnete fast geräuschlos die Wohnungstür. Beim letzten Mal hatte er Sturm geklingelt, und sie war stinksauer gewesen. Also schlich er sich jetzt ein.

Schon im Flur hörte er es. Es kotzte ihn langsam an. Der Neue hieß Harry oder Henry oder sonstwie. Matthias hatte es längst aufgegeben, sich Namen zu merken, die sowieso alle zwei Wochen wechselten. Vorsichtig

49

drückte er die Tür hinter sich zu und schloß von innen ab. Ihren Hausschlüssel, der an einem Brettchen an der Wand hing, ließ er in der Hosentasche verschwinden. Natürlich gab das Ärger, aber den wollte sie ja. Dann verschwand er in seinem Zimmer, an dessen Tür ein riesiges Redskin-Poster prangte. Hausaufgaben hätte er eigentlich machen müssen, aber allein der Gedanke nervte. Wahrscheinlich lag in der Küche auch wieder einer ihrer bekritzelten Fetzen auf dem Tisch, zu denen sie »Einkaufsliste« sagte. Aber er hatte nicht mehr vor, herumzuspringen und für sie den Affen zu machen, während sie...

Er hatte das alles so satt. Von seinem richtigen Vater wußte er kaum etwas, nur, daß er bald nach der Zwangsheirat mit ihr das Weite gesucht hatte. Und eine Zwangsheirat mußte es gewesen sein. Er konnte ja rechnen. Er war zwei Monate nachdem sie geheiratet hatten geboren worden. Sie sei erst siebzehn gewesen, hatte sie einmal gesagt.

Nicht sein Problem.

Eben doch. Denn er hatte ja damit zu leben. Tag für Tag hinter verdammt dünnen Wänden.

Er hörte es wieder. Es machte ihn rasend.

Er brauchte einen Ritt auf seiner Gitarre. Schnell öffnete er den Gitarrenkoffer, holte das Instrument heraus und schloß es am Verstärker an. Dann drehte er den Regler auf.

Und wieder konnte er es hören.

Äiingg! jaulte die Gitarre auf. Noch lauter, dachte er, zum Teufel mit den Nachbarn, und drehte den Regler noch weiter auf. Es tat ihm gut. Seine Musik machte alles platt, was ihn rasend machte, das quietschende Bettgestell nebenan, die dämlichen Nachbarn, alles.

Und dann war es plötzlich totenstill. Nur mit einem Bademantel bekleidet stand seine Mutter in der Tür. Den Stecker des Verstärkers hielt sie in der Hand. »Sag mal, spinnst du?« fuhr sie ihn an. »Glaubst du, du lebst alleine auf der Welt? Bei diesem Krach kann man ja keinen einzigen Gedanken fassen!«

»Denken? Muß man das bei dem, was du da gerade machst?«

Flatsch! Da hatte er eine hängen.

Die Scheiben klirrten leise, als sie die Tür hinter sich ins Schloß warf. Dann hörte er sie nebenan schluchzen.

Langsam packte er seine Gitarre wieder in den Koffer. Und dann war da plötzlich dieses Wattegefühl im Kopf, dieser unheimliche Jieper auf eine Zigarette. Aber seine letzte hatte er vorhin bei McBrech geraucht. Also noch einmal raus bis zum Kiosk an der Ecke.

Leise verließ er die Wohnung. Die Haustür schloß er sorgfältig ab, und er vergewisserte sich, daß er den Schlüssel seiner Mutter wirklich noch bei sich trug.

Diesmal hatte er Pech mit dem Fahrstuhl. Die Kopftuch-Oma aus der dreizehnten Etage stand genau vor seinem Werk und sah ihn böse an, weil er beim Einsteigen nicht grüßte. Die Alte roch nach Bohnensuppe oder

Sauerkraut, irgendwie pervers jedenfalls, und kaum waren sie im Erdgeschoß angekommen, verließ er fluchtartig die Kabine. Draußen biß sich ein kalter Wind, der nach Abgasen stank, in seinem Gesicht fest. Es war schon stockdunkel, und nur der Schein der verdreckten Straßenlaternen erhellte das Viertel. Und vielleicht war es auch am besten so, denn die FeiGü-Siedlung war bodenlos häßlich. Von manchen wurde sie auch die »Mondsiedlung« genannt, weil die dicht aneinander gebauten, hochgeschossigen Wohnblocks an ein Mondgebirge erinnerten. Besonders jetzt, in dieser Jahreszeit, wenn der Himmel nie richtig hell wurde, wirkten die bleichen, abgewrackten Häuser wie Schrott, den Außerirdische hier abgeladen hatten.

Im trüben Laternenlicht erkannte Matthias die Silhouetten der Typen, die zu jeder Tages- und Nachtzeit an der Bushaltestelle herumhingen und soffen, aber nie abfuhren. Rasch wechselte er die Straßenseite und ging, den Blick starr auf die Leuchtreklame vor sich gerichtet, auf den Kiosk zu, um sich mit Zigaretten einzudecken. Die neueste Ausgabe des »Playboy« sprang ihm ins Auge. »Den auch«, sagte er und fischte lässig einen Zwanziger aus seiner Jackentasche. Es war der letzte aus seinem kleinen Geheimdepot, das keinen etwas anging, seine Mutter nicht und auch nicht die anderen aus der Gang.

»Na?« grinste die Verkäuferin, die selber kaum älter als siebzehn war. »Du fängst ja früh an.«

»Für so was ist es nie zu früh«, sagte er cool und fühlte sich mit einem Mal besser. Fast fröhlich kehrte er nach Hause zurück. Kaum aber hatte er die Wohnung betreten, schlug seine Laune um.

Sie waren weg, ganz einfach verschwunden, als hätte es keine verschlossene Tür gegeben, als steckte ihr Schlüssel nicht in seiner Hosentasche.

Idiot! dachte er. Sie hatte natürlich den Ersatzschlüssel genommen, den sie irgendwo im Chaos ihres Kleiderschranks aufbewahrte. Aber er würde ihn suchen, und wenn er ihn gefunden hätte, dann...

Zufrieden malte er sich ihre Wut aus.

Freitag

»Hase! Aufstehen!« rief die Mutter.

Am liebsten hätte Martin sich totgestellt. Dann aber sprang er auf, machte alles kopfüber, kopfunter: Waschen, Zähneputzen, Frühstücken. Vielleicht hatte er Glück, und sein Vater nahm ihn im Wagen mit in die Stadt. Das tat er manchmal, wenn er früh genug fertig war. Bloß nicht im Bus diesen Typen begegnen.

»Na gut«, sagte Herr Bährlapp, als Martin ihn fragte, ob er mitfahren könne. »Dann warte schon mal draußen.« Schnell lief Martin hinaus. Ein eisiger Wind kniff ihn ins Gesicht, und es schien Stunden zu dauern, bis sein Vater endlich kam.

»Komm, steh nicht herum und friere, Junge! So mußt du's machen!« Herr Bährlapp hüpfte vor Martin auf und ab. »Eigenwärme erzeugen! Na los, auf jetzt! Komm!«

Martin stieg schlotternd in den Wagen. Wann sie eigentlich den letzten Test geschrieben hätten, wollte sein Vater wissen. Er hätte schon so lange nichts mehr gesehen. Ob Martin ihm etwa irgend etwas verheimliche.

»Nein, Papa«, sagte Martin schnell. Und dann erinnerte er sich. Brasel wollte heute den Grammatik-Test schreiben. Er hatte nicht gelernt. Er hatte den Test ganz einfach vergessen. Das war ihm noch nie in seinem ganzen Leben passiert.

»Gib vernünftige Antworten, Martin!« verlangte sein Vater. »Wann ihr den letzten Test geschrieben habt!«

»Vorige Woche, aber wir haben ihn noch nicht wieder...«

»Welches Fach?«

»Mathe.«

»Und wie sieht es mit Deutsch aus?«

»Heute ...« Martin hätte sich am liebsten auf die Zunge gebissen.

»Diktat? Aufsatz? Nun laß dir doch nicht jedes Wort einzeln zwischen den Zähnen hervorziehen!«

»Gar nichts. Nur einen Test in Grammatik.«

»Nun, ich hoffe, du hast gelernt!«

»Natürlich, Papa«, log Martin. Er fror nicht mehr. Ihm war jetzt so heiß, als würde er gekocht.

Überall schien das Pech auf ihn zu warten. Kaum hatte ihn sein Vater an der Schule abgesetzt, da sah er auch schon den großen Blonden mit dem Meckischnitt auf sich zukommen. Joe.

»Ey, warte mal, Lappi.«

Statt wegzurennen, blieb Martin stehen, weil er eben ein Lappi war, feige und ohne Biß, alle wußten es, und jetzt wußte er es auch. Am liebsten hätte er geheult.

»Wir sehen uns nachher«, sagte Joe. »Klo. Große Pause. Und wenn nicht, dann erfährt Papi alles!« Martin schluckte und sagte ja.

Das nächste Pech hieß Brasel. Der kam in die Klasse, knallte die Tests auf den Tisch und sagte: »Jetzt geht's rund, meine Herrschaften, und wehe, wenn ich einen erwische, der – na, ihr wißt schon. Sechs.«

Martin schrieb seinen Namen auf das Testblatt und wartete auf die Sechs. Er wußte nichts mehr. Ob es nun Satzglied oder Gliedsatz hieß, Konjunktion oder Konjunktiv, er hatte alles vergessen, was Brasel in den vergangenen Stunden durchgenommen hatte.

Und dann wurde ihm schlecht. Er meldete sich und fragte, ob er mal raus dürfe, aber Brasel schüttelte nur den Kopf und meinte, das sei Einbildung, er solle tief durchatmen. Dabei bekam er kaum noch Luft.

Als es endlich klingelte, gab Martin ein leeres Testblatt ab. Brasel sah ihn an und sagte: »Also Martin, das hätte ich wirklich nicht von dir erwartet!«

Das Pech in der großen Pause war das schlimmste von allen – Pechs? Als Martin sich durch das Gewühl in der Pausenhalle quetschte, fragte er sich, ob es überhaupt eine Mehrzahl von diesem Wort gab. Das Pech. Die Peche.

Er verließ die Halle und trottete über den nassen Hof hinüber zum Hartplatz. Dort lehnte er sich an den Maschendrahtzaun und wünschte, er wäre tot.

Er saß in der Falle.

Warum immer ich, dachte Martin.

Gleich am Anfang der Pause war er wie befohlen zum Klo gegangen, und dort hatten die fünf auch schon auf ihn gewartet.

»Dein Glück, Lappi«, hatte dieser widerliche Stefan gemeint.

Und irgendwie hatte er dann all seinen Mut zusammengenommen und gesagt: »Ich heiße nicht Lappi! Was wollt ihr denn jetzt noch von mir? Ihr habt doch euer verdammtes Geld längst gekriegt!«

Da hatten sie ihn genommen und in eine der Klokabinen geschubst. Keiner der anderen, die es gesehen hatten, hatte ihm geholfen. Die hatten sich nur unheimlich schnell nach draußen verzogen. Und natürlich keinen Lehrer gerufen. Die anderen hatten auch Schiß vor der Gang.

Alle hatten Schiß vor denen. Vielleicht sogar die Lehrer.

Ein kalter Wind fegte ihm ins Gesicht, und er mußte niesen.

Zwanzig Mark wollten sie diesmal haben. Bald war sein Sparschwein leer. »Heute nachmittag Punkt halb fünf vor der Schule, verstanden? Und wehe, du hast die Piepen nicht dabei!« Aber da war noch mehr. Sie brauchten jemanden, der für sie Flaschen in die Schule schmuggelte. »Dich filzt kein Pauker, so wie du aussiehst!«

Nein! dachte Martin. Nein! Aber er hatte genickt, und der Stefan hatte gemeint: »Brav, Lappi, so mögen wir dich! Kannst ja bei uns einsteigen, wenn du willst, als so 'ne Art Maskottchen!« Und dann hatte der ihm einen Puff gegeben und gebrüllt: »Na los, hau schon ab! Und wehe, du bist heut' nachmittag nicht pünktlich!«

Am liebsten wäre er krank geworden oder davongerannt, doch als es klingelte, ging er langsam zur Schule zurück.

Später, als Martin im Bus saß, wußte er gar nicht mehr, wie der Vormittag vorübergegangen war. Er konnte sich nur daran erinnern, daß er seine erste Fünf bei Lorentz kassiert hatte und daß Herr Heinz ihn gefragt hatte, ob ihm irgendwo ein Zombie über den Weg gelaufen sei, er gucke so verstört.

Vielleicht sollte er Herrn Heinz alles erzählen, gleich heute abend bei der Schulfete. Doch dann würde die Gang noch mehr Streß machen.

Mutlos verließ Martin den Bus und trabte durch den Nieselregen nach Hause. Aber seine Mutter war nicht da, nur ein Topf stand auf dem Herd. Ein Zettel lag daneben. Dieser Anblick traf ihn wie ein Schlag, denn solange er zurückdenken konnte, war sie immer dagewesen, wenn er von der Schule kam, und hatte das Essen auf dem Tisch. Er stürzte sich auf den Zettel. »Hase«, las er, »ich bin gleich wieder da. Muß nur noch was beim Friseur erledigen, Gruß, Mutti. Mach Dir Dein Essen schon mal warm!«

Martin schaltete den Herd auf Stufe eins. Dann hastete er nach oben in sein Zimmer, um noch einmal Fünfmarkstücke aus seinem Sparschwein herauszuoperieren. Doch als er das Schwein anhob, war es leicht und leer. Sein Herz schien zu explodieren. Er begriff überhaupt nichts mehr. Mit zitternden Beinen ging er wieder nach unten in die Küche. Dort roch es jetzt scharf nach serbischer Bohnensuppe, und ihm wurde schlecht von dem Geruch. Bevor er überhaupt wußte, was er tat, nahm er den Topf von der Platte, rannte mit der Suppe ins Bad und schüttete die ganze Pampe in die Kloschüssel. Danach hatte er ein schlechtes Gewissen. Als er wieder in der Küche war und den Topf auswaschen wollte, hörte er, wie die Haustür aufgeschlossen wurde. »Hase!« rief seine Mutter. »Ich bin wieder da! Hast du schon gegessen?« Hastig fuhr Martin mit der Spülbürste im Topf herum und schrie: »Ja, Mutti!«

»Ach Hase, das war vielleicht eine Aufregung! Stell dir vor, ich will beim Friseur bezahlen – und ich hatte nur noch zwanzig Mark im Portemonnaie! Und in der Mittagszeit hat die Sparkasse doch zu. Na ja, Hase, und da habe ich mir was aus deinem Schwein geliehen. Ich geb's dir nachher gleich wieder. Oder Montag, falls ich die Sparkasse nicht mehr schaffe.«

»Heute«, würgte Martin hervor. »Mutti, ich brauche das Geld heute noch.«

Erstaunt fragte seine Mutter: »Wieso?«

Martin wurde rot. Er war kein guter Lügner. »Weil...«, stammelte er, »ich hab...das war so, Mutti... ich hab aus Versehen Silkes Füller kaputtgemacht.«

»Füller kaputtgemacht? Wie geht denn das, Martin?« Das Gesicht seiner Mutter war böse geworden.

»Ich habe ... ich habe draufgetreten«, flüsterte Mar-

59

tin, ohne seine Mutter dabei anzusehen. »Und jetzt braucht sie einen neuen.«

»Allerdings!« antwortete seine Mutter wütend. »Allerdings braucht sie jetzt einen neuen. War das etwa Absicht von dir? Hat sie dich vorher geärgert?« *ahnt!*

»Nein, Mutti.« Martins Stimme war noch leiser geworden. »Das ist einfach so passiert.«

»Einfach so passiert! Als würden wir das Geld auf der Straße finden! Aber es reicht doch wohl hin, wenn du ihr den Füller Montag kaufst.«

»Nein, nein!« rief Martin schnell. »Ich will ihn ihr heute abend auf der Schulfete geben, damit sie morgen Hausaufgaben machen kann!« Das Lügen fiel ihm immer leichter. Vielleicht lag es daran, daß seine Mutter ihm alles glaubte.

»Schulfete?« fragte sie. »Davon hast du noch gar nichts erzählt.«

»Ich wollte eigentlich auch gar nicht hin«, antwortete Martin, »aber nachdem das mit dem Füller passiert ist...«

»Um Punkt acht Uhr bist du wieder zu Hause, verstanden? Obwohl – ich weiß gar nicht, was dein Vater dazu sagt. Warte – du kaufst den Füller am besten bei Strehl, dann kriegst du noch den Angestelltenrabatt, und dann gehst du zu Papa und fragst, wann du zu Hause sein sollst. Das ist wohl am besten.«

»Ja, Mutti«, sagte Martin.

Dann zog Frau Bährlapp leise schimpfend ihren Man-

Was würde Martin in sein Tagebuch schreiben

tel wieder an, um durch das Dreckwetter zur Sparkasse zu laufen.

Martin fühlte sich ein bißchen besser, und zum ersten Mal seit Tagen hatte er die Hoffnung, diese Pechsträhne könne irgendwann doch zu Ende sein.

Alles hatte wunderbar geklappt. Seine Mutter hatte ihm das Geld wiedergegeben, er war gegen vier Uhr in der Stadt bei Strehl gewesen und hatte seinen Vater gefragt, wie lange er auf der Schulfete bleiben dürfe. Punkt acht Uhr hole er ihn ab, hatte ihm der Vater geantwortet. Keine Minute später. Treffpunkt: Parkplatz vor der Schule.

»Alles klar?«

»Alles klar, Papa«, hatte Martin gesagt, obwohl ihm überhaupt nicht klar war, wie er die Zeit bis acht Uhr totschlagen sollte. Er war noch nie auf einer Schulfete gewesen.

Als er sich kurz vor halb fünf der Schule näherte, kam die Angst wieder und wuchs mit jedem Schritt. Riesengroß und würgend wurde sie, als er die fünf Gestalten am Fahrradstand stehen sah. Sie trugen alle lange, schwarze Mäntel und sahen noch bedrohlicher aus. Stefan winkte ihn heran, doch als Martin den Durchlaß im Zaun passieren wollte, versperrte er ihm den Weg und sagte: »Eintritt, Lappi!« Joe drängte an ihnen vorbei und baute sich hinter Martin auf. »Oder Rücktritt, Lappi!« Die Spitze von Joes Knie buffte gegen Martins Hinterteil.

»Zahlste keinen Eintritt, gibt's die doppelte Menge Rücktritt! Also los, wo sind die zwanzig Piepen?« Die vier anderen lachten grölend.

Mit zitternden Händen holte Martin sein Portemonnaie aus der Tasche und fummelte einen Zwanzigmarkschein hervor.

Stefan verbeugte sich spöttisch. »Danke, o Lappi, das war eine sehr weise Entscheidung von dir!« Grapsch! und der Zwanzigmarkschein wechselte den Besitzer.

»Und jetzt stell mal die Ohren auf, Lappi.« Sie erzählten ihm, wie alles ablaufen sollte. Stefan würde gleich den Stoff drüben im Supermarkt besorgen, während die anderen hinten bei den Sporthallen auf ihn warteten. »Und du, Lappi, guckst dich schon mal in der Pausenhalle um, wer wo Aufsicht hat und so. Wir holen dich dann, wenn es soweit ist. Kapiert?«

Martin nickte.

»Los, antworte! Ob du's kapiert hast?«

»Ja«, würgte Martin hervor. »Natürlich hab ich das kapiert.«

»Gut, Lappi, brav! Gib Pfötchen!« Markus schüttelte Martins Hand, daß er vor Schmerz fast aufgeschrien hätte. Dann stieß ihn Joe in den Rücken. »Los, Lappi, lauf – aber richtig! Auf allen vieren!« Wieder lachten sie.

»Ihr spinnt ja!« Martin hatte sich von Markus losgerissen. »Das mache ich nicht. Ich bin doch nicht verrückt!«

»Nein, du bist der große, starke Martin. Das hat Uhlhorst bloß noch nicht kapiert.« Stefan grinste nicht, sondern lächelte freundlich und offen auf Martin herab, der dadurch mehr verunsichert wurde als durch das ganze Getue zuvor.

»Ich geh dann«, sagte er zu Stefan.

»Richtig, Martin. Du hast kapiert, worauf es ankommt!« Stefan nickte ihm zu, und Martin entfernte sich rasch in Richtung Pausenhalle.

»Was soll'n das jetzt?« fragte Markus, als Martin außer Hörweite war. »Spielst du jetzt den lieben großen Bruder oder was?«

»Sei doch nicht so beschränkt, Uhlhorst«, stöhnte Jochen auf. »Das ist Egges neue Masche. Zuckerbrot und Peitsche. Schon mal was davon gehört? Der eine tritt ihn in den Arsch, während der andere vorn killekille macht. Das macht den dann noch zahmer.«

»Wen?«

»Na, den Lappi. Bei dir steht wohl heute einer auf der Leitung.«

»Versteh ich nicht. Der braucht Druck!«

»Natürlich«, gab ihm Stefan recht. »Aber zwischendurch müssen wir ihn immer wieder aufpäppeln, sonst geht er uns zu schnell kaputt, und wir brauchen ihn noch. Bis dann!« Er schlug seinen Mantelkragen hoch und ging zum Supermarkt hinüber, der, sehr zum Ärger der Lehrer, direkt auf der anderen Straßenseite lag. Stefan hatte einmal nachzurechnen versucht, wie viele Schulordnungen er wegen »unerlaubten Verlassens des Schulgelän-

63

des« seit der siebten Klasse hatte abschreiben müssen. Bei der Zahl sechsundvierzig war er ins Schleudern gekommen. Dann hatte er das Zählen aufgegeben und die Pauker zum unzähligsten Male für verrückt erklärt, denn jeder normale Mensch lief in den Pausen rüber zu S & M, weil das Zeug, das der Hausmeister verkaufte, viel zu gesund und teuer war. Vielleicht würde es etwas bringen, wenn sie Wachtürme mit Schnellfeuergewehren aufstellen würden. Stefan malte sich öfters aus, wie sie von dort oben ihren Schülern auflauern würden, Achilles, Brasel und die ganze Bande. Kampfanzug. Stahlhelme. Und dann, rattatatt-rattatatt, mähten sie alles nieder, was in Richtung S & M robbte. Die würden so lange schießen, bis sie arbeitslos würden, weil die Schule bald nur noch tote Schüler hätte. So beschränkt waren die Pauker.

In sich hineingrinsend betrat Stefan den Supermarkt. Er fühlte nach dem Zwanzigmarkschein in seiner Tasche. Zwanzig Eier waren nicht viel, die reichten gerade für eine Flasche Rum und eine Flasche Klaren von der kratzigen Sorte, und ob noch etwas für eine Tüte Chips übrigbleiben würde, war mehr als fraglich. Mitgehenlassen wollte er nichts, denn überall hingen Videokameras, und der Marktleiter hatte einen scharfen Blick für alles, was nach Schüler aussah. Denen traute er alles zu.

Doch von Kramer, dem Marktleiter, war weit und breit nichts zu sehen. Von den vier Kassen waren nur zwei besetzt, und Stefan wußte sofort, durch welche er gehen würde: durch die nämlich, an der die neue Kassiererin saß, die noch nicht wußte, daß er zu den Stamm-kunden von der Gattermann-Schule gehörte. Gemütlich schlenderte er durch die Getränkeabteilung. Nur keine Unsicherheit zeigen. Alkohol kaufen ist die normalste Sache der Welt. Alkohol saufen auch. Man brauchte nur seinen Alten zu fragen.

Stefans gute Laune hatte plötzlich einen Riß bekommen.

Mit einer Flasche Rum und einer Flasche Klarem stand er schließlich in der Kassenschlange. Für Chips hatte das Geld tatsächlich nicht mehr gereicht, und so würden sie eben hungrig saufen müssen. Er konnte das ab, er war nicht so verfressen wie Brockmeyer oder Uhl-horst. Schwungvoll stellte er die Flaschen auf das Trans-portband vor der Kasse. Die Kassiererin, schon eine halbe Mumie mit Brille und grauen Locken, musterte ihn kritisch. Cool erwiderte er ihren Blick und verschränkte die Arme vor der Brust.

»Bist du – äh, sind Sie ... Sie sind doch über acht-zehn?« stammelte sie schließlich.

»Wie bitte?« fragte Stefan höflich und beugte sich vor, als habe er schlecht gehört.

»Sie sind über achtzehn«, entschied sie und sah ihn jetzt unsicher an.

Stefan lächelte freundlich. »Machen Sie sich nichts draus. Sie sind nicht die erste, die sich vertut. Das habe ich von meinem Vater, der wirkt auch noch so frisch. Wollen Sie vielleicht meinen Ausweis sehen?«

»Schon gut, schon gut«, sagte sie eilig und warf einen nervösen Blick auf die Schlange, die sich hinter Stefan aufgebaut hatte. Dann tippte sie die Beträge ein, Stefan bezahlte und verschwand ohne besondere Eile.

Draußen stieß er erleichtert den Atem aus. Erst jetzt merkte er, daß er völlig naßgeschwitzt war.

Die anderen warteten schon frierend im Kelleraufgang neben der größeren der beiden Sporthallen. Im blassen Licht der Außenbeleuchtung wirkten sie gespenstisch, wie Erscheinungen aus einer Fetzen- und Nebelwelt. Ein dichtes Tuch aus Zigarettenqualm hing über ihren Köpfen.

»Mann, wir dachten schon, du hättest das Zeug selber gesoffen, Egge!« motzte Matthias. »Und wir kriegen hier die Eisbeine.«

»Hättest ja mitkommen können! Aber da geht dir der Arsch auf Grundeis, von wegen der Kramer könnte dich erwischen«, pfiff Stefan ihn an.

»Ey, Stefan, nun zeig doch endlich mal her, was du besorgt hast!« drängelte Joe.

Stefan machte die Flitzerbewegung, und die anderen pfiffen vor Begeisterung. »Los, Flachmänner raus, und einer läuft und holt den Lappi!« kommandierte er. »Am besten du, Jochen. Du hast so ungeschickte Pfoten. Bei dir geht eh die Hälfte daneben.«

Jochen ging und war sauer. Es wurmte ihn, daß er sich von Egge hin und her schicken ließ, als besäße er keinen eigenen Willen. Außerdem hielt er die Idee, den kleinen Bährlapp fertigmachen zu wollen, für den reinsten Schrott. Einmal war dieser Lappi schon gestraft genug durch seinen Alten, und andererseits würde das ganze miese Spiel früher oder später doch auffliegen. Davon war er fest überzeugt. Aber er hatte den Mund gehalten und mitgemacht, denn er hatte nur diese Kumpels. Alle anderen aus der Klasse gingen ihm aus dem Weg, eben weil er diese Kumpels hatte. Irgendwie saß er da in einer ganz gemeinen Falle.

Aus den sorgfältig verhängten Fenstern der Pausenhalle fiel kein Lichtstrahl nach draußen. Nur die Musik fetzte unheimlich laut durch die Dunkelheit und wurde zu einem schädelzertrümmernden Getöse, als er die Tür zum Schulgebäude öffnete. Dort schob Zibbich Wache.

»Zeig mal deine Taschen, Jochen!« Zibbich mußte brüllen, um sich überhaupt Gehör zu verschaffen.

»Vollkommen clean, Herr Zibbich«, grinste Jochen und kehrte das Innere seiner Taschen nach außen.

»Wo steckt denn eigentlich dein Häuptling?«

Jochen stellte sich dumm, obwohl er genau wußte, wen Zibbich meinte.

»Welcher Häuptling, Herr Zibbich?«

»Na, mein bester Freund Stefan Egge. Ich habe noch gar nicht das Vergnügen gehabt, ihn hier begrüßen zu dürfen.«

67

Jochen zuckte die Achseln. »Keine Ahnung.« Das mit dem Häuptling ärgerte ihn. Aber Zibbich hatte recht. Das machte ihn noch wütender. Er quetschte sich durch das Gedränge, konnte aber den kleinen Bährlapp nirgendwo entdecken. Wenn der sich verkrümelt hat, dachte er, der kann was erleben, dann weiß der endlich, wie Egges Kinnhaken schmecken. Dieser dämliche kleine Idiot hatte Egge noch nie erlebt, wenn er wirklich sauer war.

Er boxte sich in Richtung Haupteingang vor und fing sich Knüffe und Flüche von denen, die ihm nicht mehr aus dem Weg gehen konnten. Dann sah er den Kleinen. Er saß zwischen zig anderen auf einer Bank neben dem Aufgang zur oberen Pausenhalle und wirkte völlig allein. Wie bestellt und nicht abgeholt. Keiner kümmerte sich um ihn, jeder übersah diese Witzfigur mit den grünen Cordhosen und dem lächerlichen Anorak. Wahrscheinlich trug er darunter wieder diesen Alfpullover. Wie zufällig näherte sich Jochen dem Lappi. »Ey«, stieß er ihn an, »lauf mal hoch und besorg mir 'ne Cola. Nun mach!« _Verhält sich aber genauso gemein_

Der Kleine starrte ihn begriffsstutzig an.

»Wenn du dich nicht gleich auf die Socken machst, dann bringst du mir zwei!«

Die Umsitzenden grinsten und warteten auf mehr. Zögernd stand der Kleine auf, sah sich um und kniff die Augen unter den Discoblitzen zusammen, als hätte er Angst, seine dicken Brillengläser könnten in dem grellen Lichtgewitter zerspringen.

»Oben!« brüllte Jochen zur Freude der anderen. »Oben ist da, du Mondkalb! Am Büffet, wo die Cola verkauft wird! Soll ich dich tragen, oder gehst du selber?« Dann zog er dem Kleinen die Kapuze vors Gesicht und schubste ihn vor sich her. »Los, komm«, sagte er so gedämpft, wie die Musik es zuließ, »es ging nicht anders. Es braucht keiner zu wissen, daß du zu uns gehörst.«

Hintereinander gingen sie die Treppen hinauf. In der oberen Pausenhalle war am Nachmittag ein Büffet aufgebaut worden, an dem jetzt Leute aus der Schülervertretung Getränke – jugendfreie natürlich – verkauften, dazu Salate, die eifrige Mütter geschnippelt hatten. Klopse gab es, Chips, Senf, saure Gurken, Erdnüsse, fast alles, was das Herz begehrte, doch dafür interessierten sich Jochen und Martin nicht. Beide beobachteten, ohne daß sie sich darüber abgesprochen hatten, die gähnende Frau Huhn, die unter einer riesigen Topfpalme auf der Kante eines leeren Colakastens saß und offensichtlich nur darauf wartete, daß der ganze Zirkus bald ein Ende hatte.

»Huhn«, sagte Jochen mit leisem Triumph. »Was Besseres konnte uns nicht passieren. Die kriegt nichts mit!« Und genau in diesem Moment, als wollte sie beweisen, daß sie wirklich nichts mitkriegen wollte, zog Frau Huhn aus den Tiefen ihrer Beuteltasche einen Gehörschutz hervor, wie er beim Straßenbau üblich war, und setzte das Ding tatsächlich auf.

»Die spinnt ja!« entfuhr es Martin.

»Unser Glück«, grinste Jochen. »Paß auf – da hinter dem Büffet, da, wo die Stellwände sind, dahinter stehen Tische und Stühle, die wir heute morgen aus der Teeküche geräumt haben – die Tür zum Computerraum kriegst du kaum noch auf – da hinten sind wir dann...«

»Aber das geht doch gar nicht!« protestierte Martin. »Da kommt doch gar keiner hin! Oder wollt ihr unter dem Büffet durchkriechen? Das sieht doch sogar Frau Huhn!«

»Quatsch! Hinter den Stellwänden ist noch ein schmaler Gang. Und erst dann mußt du kriechen, aber da sieht dich kein Schwein. Haben wir letztes Jahr doch ausprobiert. Also, du gehst einfach, wenn die am Büffet voll am Verkaufen sind, zwischen den Colakästen durch hinter die Stellwände, und dann – na ja, hab ich dir ja eben erklärt. Los, mach jetzt die Fliege!«

»Fünf Minuten«, hatte Egge gesagt, »fünf Minuten wenigstens, besser zehn. Dann kommst du nach, aber vorne – durch den Haupteingang. Verstanden?«

Martin hatte verstanden.

Jetzt wartete er. Und fror.

Die Luft hatte sich wie ein kaltes, feuchtes Tuch um ihn gelegt und durchdrang seine Sachen bis auf die nackte Haut. Nebel trieb in dichten Schwaden an der Laterne vorbei, die von der Straße aus den Fahrradstand beleuchtete. Niemand hielt sich bei diesem garstigen Wetter dort auf.

Aus der Schule prasselte ein Hagel schriller Musikgeräusche. Martin verzog das Gesicht und nahm sich vor, keine Sekunde länger als nötig in diesem Getöse zu bleiben. Der Krach zerriß ihm noch hier draußen das Hirn. Dann, plötzlich, ganz in seiner Nähe, bellte ein Hund, und er mußte wieder an das Gerede denken, der Hausmeister habe sich ein ganz scharfes Vieh zugelegt, mit dem er abends seine Runden drehte, um die Junkies vom Schulgelände zu vertreiben. Bisher hatte aber noch keiner diesen Hund gesehen, den Herr Heinz letzte Woche eine »nützliche Erfindung« genannt hatte, was heißen mochte, daß es das Tier in Wirklichkeit gar nicht gab. Vielleicht tagsüber nicht, wenn Herr Heinz seine Witze darüber riß. Jetzt aber war er da, und Martin sah den blutrünstigen Hund des Hausmeisters überall, groß, schwarz und mit Schaum vor dem Maul – sah ihn überall hervorspringen. Die weißen Zähne blitzten…

»Komm jetzt, Rex!« hörte er eine Frauenstimme auf dem Gehweg hinter der Schule rufen. »Nun komm endlich, Rex! Ich friere!«

Martins Gesicht glühte. Seine Beine waren weich wie Pudding.

»Brav, Rex, komm schnell zum Auto.« Auf dem Gehweg entfernten sich die Schritte.

Martin atmete tief aus. Aber er war nicht erleichtert. Die anderen hatten recht. Er war ein Lappi, einer, der Schiß vor dem eigenen Schatten hatte. Er wäre gern wie der Egge gewesen. Der sagte an, was Sache war, und keiner muckte gegen ihn auf. Und so übel war der Stefan eigentlich gar nicht. Vorhin hatte er gesagt: »Du brauchst irgendwas zum Tragen, Martin.« *Martin*! nicht Lappi. »Wie soll er denn das Zeug in die Schule kriegen? Klimperklimper in den Taschen? Oder wie seh ich das?« Markus Uhlhorst hatte schließlich eine zigmal gefaltete Plastiktüte aus seiner Manteltasche gezogen, und die Flachmänner wurden in Matthias' Handschuhe gesteckt, und Joe Brockmeyer mußte seinen Schal hergeben, damit die restlichen drei Fläschchen sicher verpackt werden konnten. »Sogar ein Blinder sieht der Tüte an, was drinnen ist!« hatte einer gemeckert, aber Egge hatte nur gelacht: »Ein Blinder vielleicht, aber keiner von den Paukern! Wenn die unseren Martin sehen, ist für die die Sache klar: Mutti hat ihm ein paar frische Strampelhosen eingepackt. Und unser Martin wird ganz cool nicken und sagen: Na klar! Is' doch so, Martin? Oder?«

»Na klar«, hatte er gesagt. »Na klar, Stefan.«

Vielleicht war es auch nur einer von Egges Witzen gewesen.

Nein, wünschte sich Martin. Bitte nicht.

Trotz der Handschuhe waren seine Finger taub vor Kälte geworden, und er machte ein paarmal die Faust, bis wieder Blut in seinen Adern kribbelte. Dann nahm er die Tüte und ging quer über den Schulhof am Fahrradstand vorbei zur anderen Seite des Gebäudes, wo sich der Haupteingang der Schule befand. Dort herrschte wildes Gewühl. Im schummerigen Licht, das durch die

Glastüren fiel, konnte Martin eine Menge Typen erkennen, die ganz bestimmt nicht auf die Gattermann-Schule gingen. Er wußte nicht genau, wie man sie nannte, Rokker oder Punker. Glatzen waren es jedenfalls nicht, das konnte er sehen. Je näher er der Gruppe kam, desto langsamer wurden seine Schritte. Am liebsten hätte er kehrtgemacht und wäre durch den Hofeingang gegangen. Aber Stefan hatte gesagt: »Haupteingang.« Stefan verließ sich auf ihn. Martin hielt sich an seiner Tüte fest und ging auf die Gruppe zu, obwohl er das Gefühl hatte, seine Beine wollten ihm seitlich wegbrechen.

Aber sie achteten gar nicht auf ihn, sondern motzten mit Lorentz herum, er solle sie reinlassen, schließlich seien ihre Mädels hier auf der Schule. »Ja?« bellte Lorentz zurück. »Wunderbar! Sagt mir die Namen, und ich lasse die Damen rufen. Dann könnt ihr alle dahin abschieben, wo der Pfeffer wächst. Aber hier bitte nicht.« Dann sah er Martin und winkte ihn einfach durch. »Los, mach lange Beine, Martin. Die hier sind noch nichts für dich!«

Martin verschwand sofort im Gewühl.

Es war tierisch eng hinter dem Verhau aus Tischen und Stühlen. Die Stellwände ließen kaum einen Lichtschein durch. Da sie aber nicht vorhatten, sich die ganze Fete über in diesem krummen Winkel zu verkriechen, sahen sie das alles nicht so eng. Es war eben ein Auftanklager und an diesem Abend der sicherste Platz in der Schule.

Nun brauchte nur noch der Lappi zu kommen.

»Ich wette, die krallen den, und dann läßt der uns hochgehen!« meinte Kern. Egge behauptete genau das Gegenteil. Der Kleine habe so etwas bärenmäßig Lappiges, der könne ein ganzes Faß in die Schule rollen, und keinem fiele das auf.

»Bärenmäßig ist gut«, grinste Markus Uhlhorst, »besonders bei dem.«

»Egge dressiert den sich als Tanzbären«, warf Strehl dazwischen. »Schon mal 'nen Tanzbären gesehen?«

»Nee«, gähnte Brockmeyer. »Was is 'n das?«

»Du nimmst dir einen Bären, ziehst dem einen Ring durch die Nase, und dann läßt du ihn tanzen. Irgendwie...«

»Quatsch!«

»Natürlich. Das tut nämlich sauweh, so ein Ring in der Nase. Der tanzt vor Schmerzen.«

Sie schaukelten sich hoch. Sie ließen den Kleinen tanzen, als er noch gar nicht da war, denn dieser Lappi war der reinste Joke, seit Egge den Spruch von »unserem Martin« gezogen hatte.

»Haste schon mal 'nen besoffenen Tanzbären gesehen?« Wer es gesagt hatte, wußte hinterher keiner mehr so genau. Aber die Idee war da, und alle fanden sie gut.

Frau Huhn saß noch immer auf dem leeren Colakasten, den Gehörschutz hatte sie inzwischen allerdings abgelegt, denn ein paar von den Größeren standen um sie herum und unterhielten sich mit ihr. Auch war die Musik nicht mehr ganz so laut.

Martin holte tief Luft.

Dann sah er Herrn Achilles. Er stand am Büffet und ließ sich gerade zwei Klopse auf einen Pappteller pakken.

Martins Herz schien abzustürzen.

Cool bleiben, Martin. Ganz locker, ganz cool.

Mit schweißnassen Händen umklammerte er den Griff der Plastiktüte.

Alle starrten ihn an. Zwei von der Schülerverwaltung kamen direkt auf ihn zu und – gingen vorbei. Niemand hatte ihn beachtet.

Und dann war alles so einfach. Er fand den Gang hinter den Stellwänden, kroch unter den Tischen hindurch und war plötzlich mitten unter ihnen.

»Ey, Lappi, es wurde auch langsam Zeit! Wir kriegen nämlich allmählich Durst!«

Lappi! Das war Stefan gewesen. Wieso sagte der jetzt wieder Lappi zu ihm, nach allem, was er für sie durchgemacht hatte? Kern, der am nächsten saß, riß ihm einfach die Tüte aus der Hand.

»Los, zisch jetzt ab! Du wirst nicht mehr gebraucht.«

Wütend und den Tränen nahe, drehte Martin sich um und wollte wieder zurückkriechen.

»Nee, Matze, der bleibt!« Jemand grapschte nach seinem Arm und hielt ihn fest.

Martins Wut war wie weggeblasen. Angst kroch wieder in ihm auf. Irgend etwas hatten sie mit ihm vor.

Egge und Strehl zogen ihn zwischen sich, so daß er sich nicht mehr rühren konnte. »Also, Lappi – oder Martin, besser gesagt, wir haben uns überlegt, daß du zu uns gehören kannst, wenn du willst.« Egges Stimme war so freundlich, als wollte er ihm Schokolade schenken. Aber Martin war mißtrauisch geworden und sagte nichts.

Egge boxte ihn in die Seite: »Ey, Martin, wir haben dir einen Vorschlag gemacht!«

»Laßt mich los. Ich will gehen.«

»Nein, Martin, echt. Ehrlich, du hast das alles so super gemacht! Komm, trink wenigstens einen Schluck!«

Angewidert fuhr Martin vor der Flasche zurück, die Egge ihm unter die Nase hielt. »Ich trinke nichts!«

»Du würdest aber gerne, stimmt's?« Egge drehte den Verschluß von der Flasche und nahm selber einen Schluck. »Komm, Brüderschaft, Martin!«

Martin preßte die Lippen zusammen.

Die Flasche kreiste. Jeder trank ein- oder zweimal, und nach zwei Runden war der Flachmann fast leer.

»Mhm, Rum!« schmatzte Egge und fuhr sich über die Lippen. »Du ahnst gar nicht, was du da verpaßt. Oder hast du Angst, Mami könnte was riechen?«

»Unser Martin doch nicht!« grinste Brockmeyer. »Unser Martin ist groß und stark, und wenn Mami was sagt, dann kriegt sie eins aufs Maul. So einer ist unser Martin! Ein ganz cooler Typ.«

76

Der zweite Flachmann wurde herumgereicht. Es roch stechend nach Alkohol, und Martin hatte das Gefühl, schon vom Geruch betrunken zu werden. Und sie stichelten immer weiter. Immer schlimmer.

»Aus dir wird nie ein Mann werden, Martin, wenn du so weitermachst. Du verkümmerst. Glaubst du, irgendeine geile Braut ist scharf auf so ein Männchen?«

Martin wollte sich die Ohren zuhalten.

Sie ließen ihn nicht.

Dann faßte ihm Kern urplötzlich zwischen die Beine und schrie: »Ey, Leute, guckt mal, wie niedlich der ist!«

Martin brachte nicht mal einen Aufschrei heraus. Er saß wie versteinert.

»Laß das, du Schwein!« fuhr Egge den Kern an. »Das regt den Kleinen doch nur auf. Komm, Martin, du brauchst jetzt einen Beruhigungsschluck. Kern ist pervers. Am besten, du siehst das ganz locker.« Er hielt Martin den Flachmann hin. Und Martin griff zu. Trank.

Zu Silvester hatte er ein halbes Gläschen Sekt trinken dürfen. Ihm war so schwummerig davon geworden, daß er in den Armen seiner Mutter eingeschlafen war. Seitdem ging er Alkohol aus dem Weg. Jetzt trank er zum ersten Mal in seinem Leben etwas Hartes. Es brannte von der Kehle bis in den Magen hinunter.

Feuer kroch ihm durch die Adern. Wieder kreiste ein Flachmann.

Sie starrten ihn an. Das-bringst-du-nicht-Lappi!

Natürlich brachte er das! Er nahm einen Schluck von dem Zeug, dann noch einen. So schlecht schmeckte es gar nicht. Ganz gut sogar, dachte er. Und alles wurde viel leichter. So anders.

»Ey, Egge, guck mal, der Kleine wird gierig!«

Sie meinten ihn, aber das interessierte ihn schon gar nicht mehr. Er trank weiter wie einer, der am Verdursten war.

In beiden Ohren dröhnte eine Band. Die Gesichter um ihn begannen zu schaukeln und fuhren dann grinsend im Kreis.

»Ey, dem wird schlecht – gleich kotzt der hier alles voll! Echt, super Idee von dir, Egge!«

»Der braucht Luft und 'n tiefes Klo. Ey, Martin, reiß dich zusammen!«

Sie meinten ihn. Sie packten seine Schultern und schüttelten ihn.

»Geh auf die Toilette und steck dir 'n Finger in den Hals!«

»Das bringt der nicht mehr. Einer muß mit. Los, Jochen. Joe!«

Sie meinten immer noch ihn. Und keiner wollte mit.

»Ich bin doch keine Krankenschwester! Du hast uns das eingebrockt, Egge. Du gehst mit!«

Sie hatten ihn längst losgelassen. Er war frei. Aber er konnte nicht mehr gehen, nur noch kriechen. Sie schoben ihn unter den Tischen durch, dann kroch er den

Gang entlang, und irgendwie war er noch fähig zu kapieren, daß er so nicht durch die Pausenhalle konnte, auf allen vieren, ohne daß jeder sah, was mit ihm los war. Er zog sich an einer Stellwand hoch, und da er ein Leichtgewicht war, kippte sie nicht um. Ein paar Momente stand er schnaufend da. Nichts war mehr so, wie er es kannte. Alles schwankte, kippte, drehte sich unter seinen Füßen weg.

Mußt du dich eben dran gewöhnen, Martin. Nicht so eng sehen. Ganz locker bleiben, ganz cool.

Er kam bis zur Treppe. Im dichten Gedränge fiel er niemandem auf, denn gerade hob das »Raumschiff Edelweiss« ab, und alle sangen mit: »Beam me to the stars, beam me up to mars, beam me up to see starship Edelweiss.«

Für Martin kippte die Treppe weg.

Sie waren gerade dabei, die Flachmänner in der Tüte zu verstauen, als die Musik plötzlich abbrach. Protestgeröle wurde laut, doch es fiel in sich zusammen, und eine unheimliche Stille breitete sich aus.

Sie sahen sich an, und jeder wußte, daß etwas geschehen war.

»Weg!« flüsterte Egge. »Wir sind nie hier gewesen!«

Draußen flatterten aufgeregte Worte hin und her. Lehrerstimmen kommandierten. Dann dröhnte Langners unheilvoller Orgelton: »Da ist nichts mehr zu machen!«

Sie robbten unter den Tischen hindurch, als Achilles' Stimme aus der Lautsprecheranlage klirrte: »Eben ist ein tragischer Unfall passiert. Kein Schüler verläßt das Gebäude. Alle finden sich vor ihren Klassenräumen ein und warten dort auf ihren Klassenlehrer oder dessen Stellvertreter. Alles Weitere wird die Polizei verfügen. Und damit sich keiner verläuft, werden Herr Langner, der Hausmeister und ich durch das Gebäude gehen und gegebenenfalls Hilfestellung leisten. Dann geht jetzt also zu euren Klassen!«

»Weg!« zischte Egge.

»Bist du verrückt, Mann? Jetzt doch nicht ...« Kern zog ihn wieder unter die Tische zurück.

Sie mußten warten, das sah schließlich auch Egge ein, bis sich die obere Halle soweit geleert hatte, daß sie sich unbemerkt verkrümeln konnten. Am Lehrerzimmer vorbei den hinteren Trakt ansteuern. Dort waren keine Klassenräume, keine überflüssigen Zeugen. Dann die Treppe runter. Ein offenes Fenster. Und ab. Irgendwie mußte das klappen. Wenn nicht – Genickschuß. Das war jedem von ihnen klar. Sie hatten getrunken, und daß in dieser Hinsicht nichts zu laufen hatte, hatte Achilles schon Wochen vorher allen deutlich genug unter die Nase gerieben. Und wer es doch tat, dem drohte sozusagen als Belohnung für soviel Doofheit eine Klassenkonferenz. Die wollte keiner von ihnen riskieren. Aber schlimmer war noch die Ungewißheit, was vorhin eigentlich passiert war. Wahrscheinlich hatte der Lappi die

Treppe vollgekotzt, und jetzt wollten die Pauker herausfinden, wer den Kleinen so unter Alkohol gesetzt hatte. Aber deswegen gleich die Polizei?

Als draußen das Stimmengewirr verebbt war, krochen sie unter den Tischen hervor und pirschten sich an den Stellwänden entlang.

»Mist«, murmelte Jochen Strehl. »Zibbich hat mich vorhin gesehen...« *keine Solidarität*

»Nicht mein Problem. Hier, halt mal kurz.« Egge drückte Uhlhorst die Plastiktüte mit den Flachmännern in die Hand. Der hätte sie am liebsten fallen gelassen, aber er wollte jetzt keinen Streit mit Stefan. »Jochen«, flüsterte er, »du sagst einfach, du bist vorher abgehauen.«

»Wir alle sind vorher abgehauen, falls uns einer gesehen hat«, funkte Egge dazwischen. »Von wegen todlangweilig und so. Und wir sind dann – sind dann bei dir gewesen.« Er nickte Joe zu, der die Achseln zuckte. »Ich peil jetzt mal, ob die Luft rein ist.« Damit glitt er zu den Colakästen hinüber und machte einen langen Hals. Die anderen beobachteten ihn mit wachsender Aufregung. Dann, eine Flanke, ein schneller Sprint, und von Egge war nichts mehr zu sehen. Genau dasselbe versuchten sie auch, flanken, sprinten und durch die leere Halle verschwinden, und es hätte beinahe hundertprozentig geklappt, wenn Kern nicht einen der Colakästen gerammt hätte. Das Ding kippte klirrend um, und Sekunden später schrie jemand: »Stehenbleiben!«

Aber sie blieben nicht stehen.

»Mann, echt! Ein Schweineglück!« Mit zitternden Händen zündete sich Kern eine Zigarette an.

Ihr unbeschreibliches Glück war die Tür zu Raum 23 gewesen, die einladend offenstand, als sie über die Treppe nach unten jagten. Rein. Tür zudonnern. Stuhl unter die Klinke klemmen. Fenster auf und raus. Am Fahrradstand vorbei. Hinter den Container mit Bauschutt hechten. Dabei hatte sich Uhlhorst das Knie aufgeschrammt. Jetzt sah er trübe zur Schule hinüber. Die Fenster der Klassentrakte waren hell erleuchtet. Irgendwo war dort seine Schwester Silke, und er hoffte, daß sie genauso doof war, wie sie aussah, und sich nicht daran erinnerte, daß er irgend etwas mit dem Lappi zu tun gehabt hatte.

»Glück?« knurrte Markus Uhlhorst nur. »Die Sache ist noch nicht vorbei, Alter!«

»Psst! Kippen aus!« Egge schlug Kern die Zigarette aus dem Mund und trat sie aus. »Volle Deckung!«

Sie duckten sich hinter den Container. Vom Fahrradstand her näherten sich Stimmen. Schritte. Der Lichtkegel einer Taschenlampe glitt über sie hinweg.

»Wenn du mich fragst, Wolfgang – die sind doch längst über alle Berge! Hast du mal Feuer? Irgend jemand hat mal wieder mein Feuerzeug mitgehen lassen.« Das war Zibbich. Jedes Wort war deutlich zu verstehen. »Und Langner hat wirklich keinen erkannt?«

»Nur noch die Rücklichter. Und dann eben das Pech, daß keiner weiter in der Nähe war. Mit seinem Fuß kann er ja im Moment nur hoppeln wie ein angeschossener Hase. – Hast du den Kleinen eigentlich noch gesehen, bevor sie ihn weggeschafft haben, Jürgen?«

Das war Lorentz' Stimme.

»Schlimm, Wolfgang. Den Anblick werd ich so schnell nicht wieder los. Meinst du, er packt es?«

»Frag mich was Leichteres. Wie er so dalag, das sah mir verdammt nach einer gebrochenen Wirbelsäule aus. Und dann mit dem Schädel voll auf die Kante. Jürgen, selbst wenn er wieder aufwachen sollte, was erwartet ihn dann? Rollstuhl? Hirndefekt? Und nur, weil ein paar Idioten sich einen kleinen Scherz erlaubt haben!«

»Bist du sicher?«

»Natürlich. Irgendwelche sogenannten Freunde haben den planmäßig abgefüllt. Von alleine wäre der gar nicht auf die Idee gekommen.«

»Der kleine Bährlapp? Wie soll der denn in solche Gesellschaft geraten sein?«

»Was weiß ich. Vielleicht hat er in einem Anfall fehlgeleiteter Heldenverehrung die Falschen erwischt. Aber ich denke schon, daß Achilles mit seinen kleinen Tricks einiges herausfinden wird. Und wir sollten uns bei unseren Leuten auch ein bißchen umhören. Du hast doch auch ein paar von diesen reizenden Exemplaren in deiner Klasse. – Komm jetzt. Die Kälte frißt sich durch!«

Die Schritte entfernten sich.

»Scheiße!« sagte Kern.

Als Markus Uhlhorst endlich vor seiner Haustür stand, fühlte er sich wie eine alte Socke, stinkig und irgendwie durchlöchert. Und davon abgesehen völlig nutzlos, zum Wegwerfen eben.

Irgendwie war er bis Weinlingen gekommen. Keiner von ihnen hatte mehr Bock gehabt, noch irgendwo zusammen rumzuhängen. Es war, als hätten sie plötzlich alle Schiß voreinander bekommen. »Maul halten«, hatte Egge nur noch gemeint. »Und wir sind alle früher gegangen, kapiert?«

Da gab es nicht viel zu kapieren.

Natürlich war der Bus, der kurz nach sieben fuhr, schon weggewesen, also hatte er versucht, ein Auto zu stoppen. Als endlich eine Kiste angehalten hatte, war er schon halb in Weinlingen gewesen. Und die Tüte mit den dämlichen Flachmännern hatte er noch immer mit sich rumgeschleppt.

Jetzt lag sie in einem Gebüsch an der Hauptstraße.

Natürlich kläffte der Köter, als er die Haustür aufschloß. Natürlich schrie seine Mutter aus der Küche: »Bist du das endlich, Silke?« Und als er zurückbrüllte, nein, die sei noch in der Schule und helfe beim Aufräumen, wurde ihm schlecht vor Angst. Irgendwie mußte er herausfinden, was Silke wußte. Irgendwie mußte er dafür sorgen, daß sie die Schnauze hielt.

Das einzige Glück an diesem Abend war, daß sein Vater freitags immer am Stammtisch in der »Deutschen Eiche« hockte.

»Und du?« fragte seine Mutter, die jetzt in der Küchentür erschienen war. »Warum bist du denn jetzt schon gekommen? Warum hast du Silke nicht mitgebracht? Du weißt genau, ich will nicht, daß sie allein in dieser Dunkelheit ... Mein Gott! Wie siehst du denn aus?!«

»Ich bin hingefallen.«

»Denk ja nicht, daß ich dir eine neue Jeans bezahle!«

»Okay, okay, ist ja schon gut«, murmelte er. Dann humpelte er nach oben in sein Zimmer. Das aufgeschrammte Knie tat verdammt weh.

Dann stellte er seinen Fernseher an. Nur blöd glotzen. Bloß nichts denken.

Jetzt mit dem Bus fahren wäre für Jochen Strehl der reinste Horror gewesen. Lieber latschte er eine gute Dreiviertelstunde durch die fast menschenleere Stadt bis zum Querenser Forst, wo er wohnte, als von irgendwelchen Typen im Bus begafft zu werden. Er hatte das Gefühl, jeder würde ihm ansehen, was er für einer war, ein... ein Mörder?

Hirnschaden. Rollstuhl.

Oder tot.

Er konnte an nichts anderes denken.

Egge hat schuld. Egge hat ...

Wir haben mitgemacht.

Immer wieder kam er zu diesem Punkt: Wir haben mitgemacht, und egal, ob der Kleine als Krüppel überlebt oder stirbt – die Sache wird auffliegen. Er glaubte eigentlich nicht an den lieben Gott oder irgendwelche Engel, das war was für kleine Kinder, denen man mit so was noch angst machen konnte. Er glaubte auch nicht an rachsüchtige Geister oder ähnlichen Quatsch, aber er begann schneller zu gehen, als er plötzlich Schritte hinter sich hörte. Er duckte sich zur Seite, als aus dem Nebel etwas auf ihn zukam, was kein Mensch mehr sein konnte.

Es waren zwei, die sich eng umschlungen hielten. Und ein Hund.

Schweiß kitzelte auf seinem Rücken. Trotzdem waren seine Hände eiskalt. Er mußte an Tanja denken, mit der er bis zum Herbst zusammengewesen war. Tanja hatte immer gewußt, daß es einmal so kommen würde. »Die sind doch der reinste Schrott, die Leute, mit denen du immer rumhängst. Irgendwann reißen die dich in irgendeinen Scheiß rein!« Er hatte es nicht glauben wollen. Dann kam die Sache bei McBrech. Er hatte sich dort mit Tanja getroffen, die anderen waren auch dabeigewesen, hatten die üblichen Sprüche geklopft und alles vollgesaut. Dann war eine Ladung Ketchup auf Tanjas Jeans gelandet. »Echt, Tanja«, hatte Kern gesagt, »hab dich doch nicht so! Sei lieb zu Jochen, und der schenkt dir 'ne neue.« Kern hatte dabei so schmierig gegrinst, daß jeder sofort gewußt hatte, was er mit »lieb sein« gemeint hatte. Tanja war einfach aufgestanden und gegangen, weil – die war anders, nicht so versaut wie Kern, der in jedem Mädchen ein Stück Frischfleisch sah. Er hatte Tanja allein gehen lassen. Und das war dann das Ende gewesen.

Gerade jetzt hätte er jemanden wie Tanja gebraucht, aber als er an einer Telefonzelle vorbeikam, ging er hastig weiter. Vielleicht war sie längst mit einem anderen zusammen. Manchmal sah er sie noch zufällig in der Stadt, sie nickte ihm dann zu und ging irgendwohin, wo er nichts zu suchen hatte.

Endlich stand er vor seinem Haus. Es war dunkel, nur die Außenbeleuchtung brannte. Frau Peters war also schon nach Hause gegangen, seine Eltern waren noch im Geschäft, und Thomas, sein älterer Bruder, studierte seit dem Herbst in einer anderen Stadt.

Jochen schloß die Tür auf und war froh, daß niemand auf ihn zustürzte, um ihn auszufragen. Aber allein sein wollte er auch nicht. Eine Weile starrte er das Telefon an, das im Flur an der Wand hing, und berührte es sogar, aber als hätte er einen Stromschlag erhalten, zog er die Hand zurück und ging langsam nach oben in sein Zimmer. Dort nahm er eine Flasche Cognac aus dem Versteck im Schrank und stellte sich damit ans Fenster. Hin und wieder trank er einen Schluck aus der Flasche.

Draußen lag gleich hinter dem Garten der Querenser Forst, ein dichter, unregelmäßig gewachsener Wald. Herrlich im Sommer. Manchmal war er mit Tanja dort gewesen.

Ganz schwarz war er jetzt. Als säße der kleine Bährlapp darin.

Pfeifen, dachte Stefan Egge, als er gegen 22 Uhr nach Hause fuhr. Original Sackpfeifen, alle vier. Statt wie vernünftige Menschen zu handeln und ganz cool die Sachlage zu peilen, waren sie völlig hirnlos davongerannt, als hätten sie den Lappi auf dem Gewissen.

Der hatte viel zu gierig getrunken. Und zuviel.

Daß der Kleine sich nicht kontrollieren konnte, das war doch nicht ihr Problem. Ihr Problem lag ganz woanders, aber das hatten die Idioten noch gar nicht gerafft.

Was, wenn der Kleine doch wieder aufwacht und zu reden anfängt?

Stefan Egge betrachtete sein Spiegelbild im Busfenster. Er blieb, was er war, nur die Straße hinter seinem Gesicht veränderte sich. Helle Fenster, Leuchtreklamen, Weihnachtsgirlanden, neblig trübe, wie unter Milchglas, alles zog durch ihn hindurch und verschwand.

Bisher hatte er immer Glück gehabt. Keiner hatte je herausgefunden, daß die drei Bombendrohungen kurz vor den Sommerferien auf sein Konto gegangen waren. Natürlich hatte er nicht selber angerufen, sondern ein Kumpel von ihm aus dem »Lindentreff«, dem er mal einen Gefallen getan hatte. Er, Stefan Egge, hatte ganz solide in der Schule gesessen, als der erste Anruf kam, der zweite, der dritte. Und er hatte sich jedesmal tierisch gefreut, wenn Achilles die Schule räumen lassen mußte.

Er grinste sein Gesicht im Fenster an.

Und er würde wieder Glück haben, auch wenn der Kleine überlebte und auspacken würde, denn der Egge war – logo – seit 17 Uhr 30 im »Lindentreff« gewesen, nachdem er dem Kinderfest in der Schule fünf Minuten seiner kostbaren Zeit geopfert hatte. Jede Menge Leute im »Lindentreff« konnten das bezeugen: die Typen, die Billard gespielt hatten, Manni hinter der Theke und zig andere. Sogar Schmidtke, der Sozialarbeiter, hatte ihm kurz auf die Schulter gehauen und gemeint: »Na, sieht man dich auch mal wieder, Stefan?« Das war allerdings gegen halb acht gewesen, aber Schmidtke würde sich mit Sicherheit daran erinnern, ihn im Treff gesehen zu haben, wenn es hart auf hart kam. *läßt sie fallen*

Und die vier Sackpfeifen sollten sich ihre eigene Story zurechtkochen. Kern, Strehl, Brockmeyer und Uhlhorst waren nicht sein Problem. Ihr Pech ging ihn nichts an, denn schließlich hatte er etwas für sein Glück getan, indem er zwei Stunden im »Lindentreff« herumgelungert und die Leute, auf die es ankam, bequatscht hatte, ihm noch mal einen Gefallen zu tun. Er würde irgendwann zurückzahlen müssen, das war klar, aber das war in jedem Falle besser als das, was ihm sonst blühen würde: Rausschmiß aus der Schule, null Chancen, eine vernünftige Lehrstelle zu kriegen, etwas Kaufmännisches, das später die Kohle brachte und ihn nicht in diesem Kaff festnagelte. Sollten sich die anderen ruhig bei FeiGü als Bandaffen oder miese kleine Sachbearbeiter einmotten lassen, mit zwanzig heiraten, zwei Kinder machen, das Häuschen abbezahlen...

Er nicht. Stefan Egge war besser.

Als er den Bus verließ, dachte er an den Porsche, den er einmal fahren würde, an das geile Apartment voller Spiegel und mit unheimlich viel Luft. Da war kein Mief aus Schnaps und sauren Tränen. Nie diese völlige Scheiße, die seine Alten angerichtet hatten.

Matthias Kern biß die Zähne zusammen, um seine Wut nicht laut herauszuschreien. Jemand hatte mit einem scheißverdammten Feuerzeug die halbe Liftwand abgefackelt. Sein ganzes Werk war hin. Er hätte heulen können. In diesem Haus wohnten nur Pack und Idioten. *c. angeschlossen*

Und solche wie er. Gut, ein bißchen Spaß mit dem Lappi haben, das war okay gewesen, aber das andere... *es ist eben doch was dabei*

Was Lorentz und Zibbich geredet hatten, war ihm auf den Magen geschlagen, und dort lag jetzt ein Druck, der sich ausweitete und immer höher stieg. Bald würde er kotzen müssen.

Als der Fahrstuhl hielt, verließ er fast widerwillig die enge Kabine. Am liebsten wäre er nie mehr ausgestiegen. Rauf und runter fahren, nur noch rauf und runter fahren, ohne anzuhalten. Und niemand holte ihn raus, um irgendwelche dummen Fragen zu stellen, kein Polizist, kein Lehrer, und auch der Egge nicht, der vorhin wissen wollte, ob er jetzt etwa den Moralischen kriege. »Natürlich nicht!« hatte er ihn angebrüllt. »Laber doch nicht so 'n Schrott!« Und hätte beinah kotzen müssen. Natürlich hatte Egge das gesehen. Egge sah immer genau das, worüber er Sprüche ziehen konnte.

Als er die Wohnungstür aufschloß, hörte er, daß der Fernseher lief, Dreizimmerlautstärke, also war seine Mutter allein und möglicherweise frisch entlobt. Das war die letzten beiden Male genauso gewesen, als ihre Harrys oder Herberts die Biege gemacht hatten. Sie hatte den Fernseher aufgedreht, als wäre sie taub, und hatte sich mit Likör vollgegossen, bis sie oben und unten verwechselte.

Gerade als er in seinem Zimmer verschwinden wollte, wurde die Wohnzimmertür aufgerissen.

»Oh«, sagte sie zögernd und sah ihn glasig aus verschmierten Augen an, »du bist das ...«

»Hast du etwa gedacht, dein Typ?«

»Komm, Matthias, rede nicht so.« Mit zittrigen Händen zerknüllte sie ein Papiertaschentuch.

»Aus?« fragte er.

Sie zuckte die Achseln. »Scheint so.«

Er konnte ihr nicht helfen. Er hatte eigene Probleme, echte Probleme, nicht einfach dämlichen Liebeskummer. Es wurde Zeit, daß sie sich daran gewöhnte, daß ihre Kerle immer wieder verschwanden, denn keiner, der einigermaßen auf Draht war, hielt es lange mit ihr aus. Sie war so eine, die immer erwartete, daß man sprang, wenn sie pfiff; aber wenn sie selber mal etwas für andere tun sollte, dann ging die große Jammerei los von wegen alleinerziehende Mutter, berufstätig und immer am Rande des Nervenzusammenbruchs. Für seine Probleme hatte sie sich nie interessiert. Er murmelte etwas und wollte endgültig in seinem Zimmer verschwinden, als ihn plötzlich eine böse Ahnung überfiel.

»Sag mal, Mama, hat der Typ eigentlich einen Schlüssel für hier?«

Sie nickte nur und wich seinem wütenden Blick aus.

»Dann hat der den also noch … Du bist verrückt, Mama!«

Wieder nickte sie hilflos. »Es ging so schnell, und ich, ich … Ich habe in dem Moment einfach nicht dran gedacht.«

»Wann denkst du denn eigentlich?« fuhr er sie an. »Los, Mama, ruf bei Brockmeyer an, er muß sofort den Zylinder auswechseln! Denk doch bloß an die Scheiße mit diesem – diesem Gerd!«

»Bernd.«

»Dann eben Bernd. Wenn wir damals nicht zufällig früher nach Hause gekommen wären, der hätte uns hier alles ausgeräumt.«

»Hardy ist ein ganz anderer Mensch!«

»Du kennst ihn ja lange genug, Mama, mindestens vierzehn Tage! Und wie willst du an den Schlüssel kommen?«

»Seine Frau wohnt in Damke.« Was soviel hieß wie:

Fahr du mal in Damke bei dieser Frau vorbei und kümmere dich um den Schlüssel.

»Na, wunderbar«, sagte er giftig. »Dann weißt du ja, was du zu tun hast. Du setzt dich in den Bus, düst nach Damke und holst unseren Schlüssel ab.«

»Könntest du nicht ...?«

»Nein!« schrie er auf. »Nein! Nein! Nein! Das kann ich nicht!« Er ließ sie einfach stehen, knallte die Tür hinter sich zu und schloß sie ab. Dann warf er sich auf sein Bett und vergrub das Gesicht in den Kissen.

Mit hängenden Schultern und gesenktem Kopf legte Joe Brockmeyer seinen Heimweg zurück. Er hätte ein paar Stationen mit Kern im Bus fahren können, aber er brauchte Luft und nicht den Mief nasser Mäntel, er konnte jetzt kein Gedränge und Geschaukel ertragen, er wollte allein sein, obwohl er eigentlich jemanden zum Reden brauchte.

Er mußte an Omi Gretchen denken. Doch die war seit dem Sommer tot. Weg, eingebuddelt bei den Würmern.

Wasser drang in seine Schuhe, er würde neue brauchen. Bei diesem Gedanken lachte er bitter auf. Mit Schuhen hatte alles angefangen, mit Egges idiotischer Idee, sich bei Strehl kostenlos zu bedienen. Der kleine Bährlapp könnte noch munter durch die Gegend flitzen, wenn Egge nicht...

Dann hätte es eben einen anderen Lappi gegeben.

Egge war immer darauf aus, andere zu demütigen und zu quälen, Hauptsache, sie waren schwächer als er. Wie wir, dachte Joe, er spielt den Boß, und wir dürfen Scheiße fressen. Dann sagt er: Super!, und wir fühlen uns cool, weil der große Egge uns lobt.

Irgendwie ging das nicht mehr so weiter.

Er tauchte in eines der Gäßchen ab, die sich im dichten Netz bis zum Riedelbach hinunterzogen. Es war schon lange keine gute Gegend mehr. Hier wohnten solche, die in Suhlstedt nichts zu sagen hatten, Alte und Ausländer, Arbeitslose und Leute, die von der Sozialhilfe lebten. Die wenigen kleinen Läden, die es noch gab, verschwanden nach und nach, um Videotheken und Spielhallen Platz zu machen oder Kneipen, die sich allerdings nie lange hielten. Die Häuser im Viertel waren mit der Zeit heruntergekommen, hatten Putz und Farbe verloren, und auf Joe wirkten sie, als wären sie von einer tödlichen Krankheit befallen. Hier betrieb sein Vater einen Schlüsseldienst, seine Mutter fuhr Taxe, und er sah seine Eltern kaum, weil sie rund um die Uhr rackerten, um sich über Wasser zu halten. Es war das verdammte Haus, das Joes Vater von seiner Mutter geerbt hatte. Es fraß ihnen buchstäblich die Haare vom Kopf. Ewig waren Reparaturen fällig, und die paar Mark Miete, die sie für die drei Wohnungen im Vorderhaus einnahmen, deckten die Unkosten kaum. Gerne hätte sein Vater den alten Kasten verkauft, aber er durfte es nicht, das hatte Oma Brockmeyer in ihrem Testament so verfügt. »Die alte Hexe

lacht sich noch im Grab über deine Dämlichkeit kaputt!«
hatte die Mutter gesagt. Sie war furchtbar sauer gewesen, weil der Vater diese Erbschaft angenommen hatte.

Oma Brockmeyer war bis vor zwei Jahren, als sie endlich starb, der Schrecken seiner Tage gewesen. Auch als
sie schon über siebzig war, wieselte sie unheimlich flink
überall herum, obwohl sie keiner gebrauchen konnte,
weil sie immer nur Streit unter die Leute trug. Bei Omi
Gretchen dagegen, die in Querensen lebte, hatte er alles
gefunden, was es zu Hause nicht gab. Sie hatte ihn sogar
»Joe« genannt, seitdem seine Kumpels ihn so riefen, weil
»Hans-Jürgen« einfach zu dämlich klang. Bis vor vier
Jahren hatte er mehr bei Omi Gretchen in Querensen
gelebt als bei seinen Eltern, die mit ihrer Arbeit und der
anderen Oma genug am Hals hatten, doch dann wurde
seine Lieblingsoma krank, kam ins Heim, wo sie nach
und nach den Verstand verlor, und für Joe, der wieder
nach Suhlstedt ziehen mußte, brach die Hölle aus. Seine
Eltern, die sich eigentlich recht gut verstanden, schienen
sich nicht mehr riechen zu können, sobald Oma Brockmeyer in der Nähe war.

In der Zeit fing Joe an, mit Egge und den anderen
herumzuhängen. Er ging früh und kam spät. Egge, so
schoß es ihm durch den Kopf, als er in seine Straße einbog, hat uns angezogen wie ein Magnet. Lauter kaputte
Typen. Uhlhorst mit seinem Hundevater. Kern mit seiner bumsfidelen Mama. Strehl, der das Gymnasium
nicht gepackt hatte und seitdem für seinen Vater abge-

95

schrieben war. Und er selber, Joe Brockmeyer, der zwischen lauter streitenden Erwachsenen hauste.

Wirklich, eine Super-Clique.

Aber jetzt war es aus. Es mußte aus sein.

Er wußte nur noch nicht, wie.

Ein langsam fahrendes Polizeiauto riß ihn aus seinen Gedanken. Panik stieg in ihm auf, und beinahe wäre er die letzten fünfzig Meter bis zu seinem Haus gerannt.

Wenn der Kleine die Sache nicht überlebt, dann ...

Mörder.

»Wer zuläßt, daß ein anderer stiehlt, macht sich selber zum Dieb.« Das war Omi Gretchens Lieblingsspruch gewesen.

Wer zuläßt, daß ein anderer besoffen von der Treppe fällt, macht sich selber zum Mörder.

Da war etwas dran. Einer hätte den Kleinen festhalten müssen. Sie hatten doch alle gesehen, was Sache war!

Schweiß stand auf Joes Stirn, als er endlich den düsteren Torbogen erreichte, hinter dem der Hof lag, in dem sein Vater das Geschäft hatte. Eine trübe Funzel, die unter der Wölbung baumelte, spiegelte ihr Licht in den Pfützen zwischen den glitschigen Pflastersteinen. Der Hof war kaum beleuchtet, und man mußte aufpassen, daß man nicht mit irgendwelchem Gerümpel zusammenstieß, das der Sperrmüll wohl nie abholen würde. Dunkel und abweisend ragten die hohen Mauern um Joe auf. Nur bei den Türken, die gerade das vierte Kind gekriegt hatten (in der Wohnung! Joes Mutter fand das unmöglich!), war es hell. Die Fensterreihe darüber war schwarz und leer. Natürlich. Bei Brockmeyers war noch keiner zu Hause.

Nach Oma Brockmeyers Tod war Joe in die Räume über der Wohnung seiner Eltern gezogen, und dorthin verzog er sich nun. Eine Weile lag er wie tot auf dem Bett. Es herrschte totale Stille. Er brauchte das jetzt, eine ganz nackte Welt ohne Musik und Geräusche. Aber er hörte sich, sein Atmen, sein Herz, das ihm bis in die Ohren schlug, mal schneller, mal langsamer. Und dann war da ein Tappen, etwas, das sich im Haus bewegte, über die Treppen nach oben stieg...

Jetzt holen sie mich, dachte er. Aber er rührte sich nicht.

Er holt mich.

Martin kommt ...

Mit einem Satz sprang Joe von seinem Bett, jagte die Treppe hinunter in die Wohnung der Eltern. Niemand war dort. Dann linste er durch den Spion in der Wohnungstür. Doch auch das Treppenhaus war leer. Fetzen von türkischer Musik waren plötzlich zu hören, dazu ein Gewirr unverständlicher Stimmen.

Polizei. Sie fragten bei den Togüls nach ihm.

Sein Herz überschlug sich.

Unten klappte eine Tür. Keine Musik mehr, keine Stimmen, nur noch eine schreckliche Stille, in der er alles hören würde, seine ganze Angst.

Wie gehetzt hastete Joe wieder nach oben und setzte alles in Betrieb, was Geräusche von sich geben konnte, Fernseher und Stereoanlage. Dann stöpselte er sich die Knöpfe seines Walkmans in die Ohren und warf die schrecklichste Kassette ein, die er nur finden konnte: »Wunschkonzert für Millionen«. Ein Weihnachtsgeschenk von Oma Brockmeyer.

Wie versteinert saß er auf dem Fußboden, und erst als es unten wütend gegen die Decke bummerte, stand er auf und drehte die Geräte leiser. Seine Eltern schienen nach Hause gekommen zu sein.

Das Piepen und Surren der Apparate dröhnte Frau Bährlapp immer noch in den Ohren, als sie sich neben ihren Mann in den Wagen setzte. Ihre Augen waren rotgeweint, und neue Tränen drängten nach. Den hellerleuchteten Weihnachtsbaum nahm sie nur verschwommen wahr, als sie die Krankenhauseinfahrt passierten.

»Warum, Wilfried? Warum? Ich kann es nicht fassen.« Sie schluchzte auf und verbarg ihr Gesicht in den Händen.

Herr Bährlapp gab keine Antwort. Er starrte verbissen auf die Straße. Dunkle Ringe zeichneten sich unter seinen Augen ab. Die ganze Welt war aus den Fugen geraten, seit dieser Anruf gekommen war.

Er war schon fast aus der Haustür gewesen, um seinen Sohn von der Schule abzuholen, als er seine Frau hinter sich schreien hörte: »Wilfriiied! Telefon! Wilfriiied!« Es klang wie ein Tier in Not. Und als er die fremde Stimme am anderen Ende der Leitung hörte, begriff er, warum. Stadtkrankenhaus. Unfallaufnahme. Es tut mir leid, Herr Bährlapp, aber Ihr Sohn ... Worte, Worte, immer mehr Worte, die wie ein unverständliches Rauschen an ihm vorüberzogen. Aber einige kehrten wieder und ließen ihn nicht mehr los. Schwere Schädelverletzung. Alkoholvergiftung.

Sein Sohn. Unfaßbar.

Wie er und seine Frau überhaupt das Krankenhaus erreicht hatten, konnte er hinterher kaum noch sagen. Ob der Arzt schon nach zwei oder erst nach zwanzig Minuten gekommen war, um mit ihnen zu reden, wußte er auch nicht mehr. Nur an das Gesicht des Arztes konnte er sich gut erinnern, es war müde und grau und ohne Hoffnung. Die toxische Wirkung des Alkohols, hatte der Arzt erklärt, habe den Kreislauf des Jungen extrem belastet, und es sei fraglich, ob dies im Zusammenhang mit dem Ausmaß der Schädelfraktur...

»Reden Sie doch Deutsch!« hatte seine Frau plötzlich aufgeschrien. »Ich will wissen, ob mein Junge überlebt!«

Eine minimale Chance sehe er schon, hatte der Arzt ausweichend geantwortet. Und Wunder habe es schon immer gegeben. Aber sie sollten jetzt besser gehen, und falls eine Veränderung zum Negativen eintrete, werde man sie natürlich schnellstens telefonisch verständigen.

»Ich will ihn sehen! Ich will meinen Martin sehen!« hatte seine Frau verlangt.

Sie hätte es besser nicht tun sollen. Man hatte sie in einen Raum voller Maschinen und Apparate geführt. Das Licht war eisig kalt und sparte keinen Winkel aus, und trotzdem hatten sie so lange gebraucht, bis sie ihr eigenes Kind erkannten. Wachsweiß das Gesicht. Die Lippen bläulich. Angeschlossen an tickende und surrende Apparate, die Leben erhalten sollten.

Seiner Frau war schlecht geworden. Er selber hatte plötzlich diese Faust gespürt, die sein Herz zusammendrückte und nicht mehr loslassen wollte.

Wilfried Bährlapp merkte diese Faust auch jetzt, als er den Wagen langsam durch Suhlstedt steuerte. Sie konnten nichts für Martin tun, nur hoffen, daß er überlebte.

»Warum?« fragte seine Frau wieder. »Er hat doch nie getrunken. Er hätte das doch nie gewagt, wenn er weiß, du holst ihn ab.«

»Ich weiß es nicht. Ich stecke nicht drin in dem Jungen. Aber...«

»Aber was?«

»Irgendwie war er anders in der letzten Zeit. Irgendwie hatte ich den Eindruck, er läßt sich hängen. Er brauchte mehr Druck!«

»Druck«, sagte seine Frau leise, »Druck hilft auch nicht immer. Eher das Gegenteil.«

Wilfried Bährlapp schwieg. Druck und nochmals Druck hatten aus ihm selber erst einen ganzen Kerl gemacht, sonst wäre er ein Muttersöhnchen geblieben – und genau dieses Schicksal wollte er seinem Sohn ersparen. Gerade ein Junge muß Härte spüren, muß Härte ertragen können, daran wächst das Selbstvertrauen.

Wenn Martin etwas nicht besaß, dann war es Selbstvertrauen, und vielleicht hatte seine Frau ausnahmsweise einmal recht ... Wilfried Bährlapp krampfte die Hände um das Steuer und versuchte, nicht auf das Brennen in seinem Herzen zu achten.

Irmtraud Bährlapp hatte ein Papiertaschentuch in winzige Fetzen zerpflückt, und als sie merkte, was sie getan hatte, stopfte sie das weiße Gefussel hastig in ihre Manteltasche und faltete die Hände auf ihren Knien. Bleib, dachte sie, bleib bei uns, Martin – lieber Gott, laß ihn bitte bei uns bleiben! Ihr kleiner Hase war ihr immer so nah gewesen, er war nicht wie diese Rüpel, die ihre Eltern beschimpften, die rauchten und tranken. Vielleicht hätte er etwas lebhafter sein sollen und mehr mit den netteren Kindern unternehmen können, zum Beispiel mit ... Aber ihr fielen keine ein. Eigentlich war er immer allein gewesen, immer zu Hause, wenn er nicht gerade Nachhilfe oder Musikschule hatte. Andere Jungen in seinem Alter waren doch ständig unterwegs. Aber Martin auf einem Skateboard? Martin auf einem dieser komischen Fahrräder mitten im dichten Verkehr? Sie wäre vor Sorgen umgekommen. Und ihr Junge hatte auch nie gedrängelt, mal mit Gleichaltrigen losziehen zu dürfen.

Eine Ausnahme gab es allerdings, Frau Bährlapp erinnerte sich jetzt wieder deutlich daran. Vor ein paar Jahren war ständig dieser Bernd bei ihnen aufgetaucht, ein netter Kerl eigentlich, der ein paar Straßen weiter wohnte und mit Martin die gleiche Klasse besuchte, aber das Elternhaus war doch etwas zweifelhaft. Die Mutter trinke, hieß es, und vom Vater hörte man auch nichts Gutes, und irgendwie war dieser Junge eben nicht der richtige Umgang für ihren Sohn. Sie hatte diesen Bernd freundlich und konsequent aus dem Haus geekelt. Nein, Martin habe jetzt keine Zeit, er müsse üben, er müsse ihr beim Einkaufen helfen, nein, Martin gehe es heute nicht so gut, und so weiter, und so weiter. Aber Bernd war nicht abzuschütteln, und sie hatte das Gefühl gehabt, er und Martin heckten hinter ihrem Rücken etwas miteinander aus. Dann wollte Bernd Martin eines Tages zum Schwimmen mitnehmen, und ihr kleiner Hase stand schon da, Badehose und Handtuch in der Hand, so, als hätte sie längst ja gesagt. Es war ein sonniger, aber sehr windiger Julitag gewesen. Er hätte sich erkälten können. Er war doch so anfällig! Und man hörte doch soviel von dem Unfug, der in den Schwimmbädern getrieben wurde, und überhaupt...

Die ganze Sorge, die ganze Mühe hatten überhaupt nichts genützt, im Gegenteil, ihre ständige Angst um ihn hatten ihn hilfloser als andere Kinder gemacht.

102

Der Gedanke tat ihr weh und trieb sie wieder zum Weinen.

»Irmtraud«, sagte Wilfried Bährlapp, dem selber zum Heulen war, obwohl er davon nichts wissen wollte, »reiß dich doch bitte zusammen. Da müssen wir durch, so oder so.«

Irmtraud Bährlapp biß sich in die Faust, um nicht laut aufzuschluchzen. Ohne ein weiteres Wort zu wechseln, erreichten sie ihr Haus, gingen ins Wohnzimmer, wo das Telefon stand, und begannen zu warten.

Montag

Achilles' donnernde Stimme drohte die überfüllte Turnhalle zu sprengen.

»Reinreißen! Verpfeifen! Petzen! Diese Begriffe streicht mal ganz schnell aus eurem Vokabular! Statt dessen fügt hinzu: Schweigende Mittäter! Feige Komplizen! Wißt ihr, was das ist?«

Er wandte sein hochrotes Gesicht den Schülern zu, die dichtgedrängt beieinander standen. Dumpfes, abwehrendes Gemurmel drang auf.

»Guckt euch an!« Achilles' glashelle Augen schienen aus den Höhlen springen zu wollen. »Jeder, der etwas weiß, aber nichts sagt, das ist so einer – ein Komplize von Dummheit und Gewalt. Es kann doch nicht angehen, daß keiner etwas gesehen haben will! Ein Mensch zieht sich lebensgefährliche Verletzungen zu, während rings um ihn gefeiert wird. Hunderte sehen zu, aber keiner will wissen, wie es geschehen ist. Das kann doch nicht angehen!« Er schwieg, und in die plötzliche Stille hinein drang aus einem Winkel der Ruf: »Und die Lehrer? Die haben ja auch nichts gesehen!«

»Nein!« schrie Achilles zurück. »Wir haben genauso wenig gesehen wie die meisten von euch, aber ich lege für jeden einzelnen von uns die Hand ins Feuer!«

»Hoffentlich hat er eine gute Krankenversicherung!«

zischelte Lorentz für die Umstehenden deutlich hörbar.

»Ich muß doch sehr bitten!« Brasel hatte sich umgedreht und erdolchte seinen Kollegen mehrfach mit messerscharfen Blicken.

Am Eingang flackerte plötzlich Unruhe auf. Frau Wienecke, Achilles' Sekretärin, kämpfte sich durchs Gewühl. Ihre Brillengläser waren beschlagen, und eine rote Strähne hing ihr in die Stirn. Jeder sah sofort, daß etwas geschehen sein mußte. Achilles stockte mitten im Wort. Eine Stille griff um sich, die genauso schrecklich war wie die, die drei Tage vorher die Schulfete beendet hatte.

Frau Wienecke flüsterte Achilles etwas zu. Sekundenlang blieb er reglos stehen, dann richtete er sich zu seiner vollen Größe auf, und seine Stimme klang eigenartig hohl, als er sagte: »Martin ist tot.«

»Tot«.

Für Sekunden erfaßte eine ungeheuerliche Erleichterung jeden aus der Gang. Am liebsten hätte Stefan Egge die Arme hochgerissen und »Sieg!« gebrüllt. Doch er beherrschte sich.

Jochen Strehl dagegen wurde plötzlich schwindelig. Er schien überhaupt keine Füße mehr zu haben, die ihn am Boden hielten.

Matthias Kern glaubte auf einmal, in dem übervollen Raum ersticken zu müssen.

Markus Uhlhorst sah, daß ihn die blassen Augen seiner Schwester Silke, die zufällig vor ihm stand, von Kopf bis Fuß musterten.

Joe Brockmeyer mußte so nötig pinkeln wie nie zuvor in seinem Leben. Und übel war ihm, zum Sterben elend und mies.

»Tot«.

Das Wort hing plötzlich über ihnen wie eine drohend geballte Faust.

»Tot« veränderte alles.

Und sie wußten, daß Achilles nichts unterlassen würde, keinen noch so miesen Trick, um herauszufinden, wer für »tot« verantwortlich war. Schließlich hatte er es laut genug in der Turnhalle herausgebrüllt, bevor er sie in ihre Klassen zurückgeschickt hatte. Denn Martin selber hatte keine Namen mehr nennen können. Und dann war da noch ein Wort gewesen: Mörder. Wer ein zwölfjähriges Leichtgewicht, das noch nie etwas getrunken habe, dermaßen abfülle, sei in seinen Augen nichts anderes als ein Mörder.

Mörder traf noch härter als »tot«.

Mörder war die Faust, die mit aller Wucht zuschlug.

Nur Egge tat so, als habe ihn nichts getroffen. Seine Freitagabend-Geschichte war wasserdicht, und wenn die anderen ein bißchen auf Draht gewesen wären, hätten die sich längst eine eigene zusammengekocht, aber so, wie er sie einschätzte, hatten sie das ganze Wochenende über nur zu Hause gesessen und geflennt. Angerufen hatte keiner bei ihm, auch im »Lindentreff«, wo er samstags die Disco machte, war niemand aufgekreuzt, der Brockmeyer, Uhlhorst, Kern oder Strehl hieß. Und liebend gern hätte er sie ihre Scheiße allein auslöffeln lassen, aber diese Gehirnamputierten waren durchaus imstande, ihn durch ihre Dämlichkeit mit reinzureißen. Nicht daß sie plötzlich der Moralische packen und sie zum Reden treiben würde – für ganz so beschränkt hielt er sie nicht. Aber, davon war Stefan Egge fest überzeugt, sie würden sich in ihrer Blödheit in Widersprüchen fangen, wenn sie vorher nicht knallhart festgelegt hätten, was sie sagen wollten. Achilles war ein gerissener Hund. Der hatte schon wesentlich Coolere reingelegt. Wenn sie Pech hatten, würde der heute noch durch die Zehnten marschieren und die Leute ausfragen, bis sie blau im Gesicht waren.

Ihr großes Glück war, daß Achilles das Pech hatte, die nächsten zwei Stunden sozusagen ans Telefon gefesselt verbringen zu müssen. Seine vorgesetzte Dienstbehörde rief an und verlangte eine Stellungnahme. Dann war die Presse in der Leitung, die gehört haben wollte, daß . . . Dann Herr Bährlapp, der ihm eine Anzeige wegen Verletzung der Aufsichtspflicht androhte.

Ein anderes Glück bestand darin, daß die beiden Kripobeamten, die noch einmal in die Schule gekommen waren, um zu klären, ob der Unfall wirklich ein Unfall gewesen war, zunächst damit begannen, die siebten Klassen auszuhorchen. Und natürlich nichts weiter herausfanden als die Tatsache, daß kein einziger Genaueres über Martin Bährlapp wußte. Auch Silke Uhlhorst, die durchaus ein paar Kleinigkeiten hätte sagen können, hielt den Mund, ob aus Angst um ihren Bruder oder vor ihm, wußte sie selber nicht so genau. Auf alle Fälle hatte sie Schiß vor dem Ärger, den die Sache zu Hause auslösen würde. Ihr Vater schlug gewöhnlich wahllos zu, in der Meinung, er treffe immer den Richtigen.

Natürlich fühlte auch jeder Lehrer seiner Klasse auf den Zahn, aber heraus kam eigentlich nur, was alle längst wußten: daß die Sache mit Martin Bährlapp das Schlimmste war, was sich jemals an der Gattermann-Schule abgespielt hatte.

So kam es, daß die Gang nach der sechsten Stunde ungeschoren die Schule verlassen konnte.

Sie wußten, was sie zu tun hatten, denn Egge hatte es ihnen eingetrichtert. Treffen bei Brockmeyer gegen halb fünf, und wehe, ihr kotzt keine Geschichte aus, ihr gehirnamputierten Affen!

Sie schluckten Egges Freundlichkeiten ohne Protest, denn »tot« und Mörder hatten sie lahmgelegt.

Irgendwie verbrachten sie den Nachmittag.

Matthias Kern erwischte sich dabei, daß er – zum ersten Mal seit Wochen – seine Schuhe putzte.

Markus Uhlhorst bollerte nicht gegen die Wand, als

Silke im Zimmer nebenan ihre dämliche Teeniemusik auf voller Lautstärke laufen ließ.

Jochen Strehl ging erst gar nicht nach Hause, sondern rief von der Stadt aus die Haushälterin an, sie könne das Mittagessen für ihn vergessen, er habe noch Unterricht. Dann latschte er ziellos durch Suhlstedt, bis er völlig verfroren und durchnäßt bei Brockmeyer aufkreuzte, der gerade von seinem Aushilfsjob bei Getränke-Henze zurückgekommen war. Mit zwei Flaschen Rum, die er organisiert hatte, als die alte Henze mit einem Bierwagenfahrer die Rechnung durchgegangen war. Normalerweise ließ Joe Brockmeyer bei Henze nie etwas mitgehen und hielt sich, bis auf ein paar Mauscheleien mit den Pfandabrechnungen, sauber.

Aber an diesem Montag war alles anders.

Stefan Egge hatte den ganzen Nachmittag über das Gefühl, eine Achterbahn rase in ihm hin und her, schneller, als er schreiben konnte. Manchmal drehte sich ihm alles vor den Augen. Dann wieder überfiel ihn der Drang, ganz hoch hinaus ins Nichts zu springen. Die Unruhe trieb ihn schon gegen halb vier aus dem Haus, obwohl ihn seine Mutter wie üblich festhalten wollte. Aber er ließ sich nicht von der Alten lahmlegen, auch wenn sie so tat, als stünde sie kurz vor dem Herzinfarkt, das Gesicht verzog und stöhnte, ihr Herz halte das alles bald nicht mehr aus und er sei noch schlimmer als sein Vater.

Aber Stefan Egge ließ sich keine Nägel ins Gewissen

treiben. Er knallte einfach die Tür hinter sich zu und ging. Und ärgerte sich auf dem ganzen Weg darüber, daß er ständig an seine Mutter denken mußte, weil das mit dem Herzen vielleicht doch keine Übertreibung gewesen war.

»Tot«. Irgendwie eine unheimliche Erleichterung. Oder ein grauenhaftes Nichts?

Er zwang sich, nicht mehr daran zu denken. Ein Teufel trieb ihn an der Schule vorbei. Der ganze Lehrerparkplatz war voll, und in der Teeküche brannte Licht. Dort saßen jetzt die superschlauen Pauker und planten ihre Jagd. Plötzlich sah er Achilles' Umriß hinter einem der Fenster. Da duckte er sich und rannte davon, wie einer, der Schiß hatte. Aber es war kein Schiß, sagte er sich, nur Vorsicht.

Doch es ärgerte ihn, daß sein Herz in ihm auf und ab sprang wie ein wildgewordenes Jojo. Es ärgerte ihn, daß er wieder an seine Mutter und ihr Getue denken mußte. Aber inzwischen würde sein Alter zu Hause sein, und der würde schon was unternehmen, falls sie wirklich schlappgemacht hatte. Falls er dazu überhaupt noch nüchtern genug war.

»Egge kommt«, sagte Jochen Strehl, der von Brockmeyers Mansardenfenster aus den Hof beobachtete. Wie ein kleiner schwarzer Käfer, der in der Dämmerung kaum noch erkennbar war, hastete Egge unten über den Hof.

»Der Sack!« knurrte Markus Uhlhorst. »Der hat uns das alles eingebrockt.«

»Du hättest ja nicht mitzumachen brauchen. Keiner hat dich gezwungen.« Joe Brockmeyers Stimme klang gereizt.

Die Stimmung war Gift und Galle, und sie wurde auch nicht besser, als Egge schließlich oben in der Mansarde erschien. Im Gegenteil, er knallte seinen geballten Ärger komplett auf den Tisch, als er erfuhr, daß sie noch immer keine vernünftige Geschichte fertig hatten. Er riß Kern eine Tüte voll Chips aus der Hand und verlangte, statt zu mampfen, sollten sie lieber denken, falls sie überhaupt wüßten, was das eigentlich sei. »Wo seid ihr Freitag abend gewesen?« fragte er in einem Ton, als hörte Lorentz Vokabeln ab.

»Erst auf der Fete und dann hier«, antwortete Joe Brockmeyer etwas piepsig.

»Ab wann?«

Jochen Strehl überlegte. »Zibbich hat mich kurz nach fünf gesehen – also, Viertel vor sechs, so in dem Dreh. Kommt das hin?«

Egge nickte. »Das mit dem Kleinen war gegen sechs. Ihr seid also Viertel vor sechs hier gewesen. Bus? Oder zu Fuß?«

Markus Uhlhorst stutzte. »Wieso ihr? Wir! Du warst doch auch dabei, Egge!«

»Eben nicht. Erzähl ich euch später«, meinte Egge kurz. »Und was ist hier gelaufen?«

Joe Brockmeyer zuckte die Achseln. »Na, was schon. Wir haben hier herumgehangen und geglotzt.«

»Was geglotzt?«

»Ist doch egal, Egge. Wen interessiert 'n das …«

»Jeden, der euch ausquetschen wird! Also los, was habt ihr geguckt?«

»Heinos Tittenparade«, grinste Matthias Kern.

»Halt endlich mal dein verklemmtes Maul, Kern. Denk lieber nach – aber hiermit!« Egge tippte sich an die Stirn.

»›Knights of Terror‹ – warte, ich hab die Kassette hier.« Brockmeyer begann in seinem Schrank zu kramen und förderte schließlich eine Videokassette zutage.

»Wirf sie rein«, verlangte Egge.

»Ich hab jetzt keinen Bock auf den Scheiß!«

»Dein Bock interessiert keinen, Brockmeyer. Wirf jetzt die Kassette rein. Ihr müßt schließlich wissen, was ihr gesehen habt!«

»Okay, okay«, murmelte Brockmeyer und setzte den Videorecorder in Betrieb. Eine Weile glotzten sie stumm auf die Mattscheibe, über die ein widerlicher Horror glitschte, während Egge die Chips verdrückte, die eigentlich Kern gehörten, und schließlich warf er seinem Kumpel die leere Tüte ins Gesicht. »Dein Müll«, meinte er. »Ey, Joe, gibt's hier denn nichts Vernünftiges zum Trinken? Irgendwas, was so richtig geil abgeht. Was zum Feiern!«

»Feiern?« Brockmeyer sah Egge begriffsstutzig an.

»Glotz nicht so zugenagelt, Alter! Feiern! 'n bißchen was Besseres als Cola und Chips.«

»Wieso feiern?« fragte jetzt Kern.

Über soviel Beschränktheit konnte Egge nur den Kopf schütteln. »Mann, tickt ihr denn gar nichts? Wir sind den Lappi los! Er ist tot! Der wird nicht mehr sagen können, ihr habt ihn abgefüllt.«

»Ihr? Wieso ihr? Du hast doch – du hast ihm das Zeug gegeben!« Kern war aufgesprungen und starrte Egge fassungslos an.

Der grinste nur. »Ich? Ich war den ganzen Abend über im ›Lindentreff‹. Jede Menge Zeugen! Der Kleine muß irgendwen mit mir verwechselt haben. War der nicht schon zu, als er auf die Fete kam? Der hatte sich wohl schon in Papis Hausbar bedient. – So hättet ihr euch herausreden können. Aber auch nur vielleicht.«

Die anderen sagten nichts.

Nur ein Joke, dachte Jochen Strehl, Egge kann nur einen seiner blöden Witze gemacht haben.

»Meinst du das ernst?« fragte Uhlhorst heiser.

»Ich stech dich ab!« dröhnte es aus dem Fernseher. Etwas Hackmessermäßiges zischte über die Mattscheibe. Die Musik kreischte auf. »Ich stech dich ab, du Hurensohn. Aber vorher hacke ich dir die . . .« Woiing! Brockmeyer hatte dem Recorder den Saft abgedreht. »Ob du das ernst meinst, Egge«, fragte er leise.

»Mann, stell die Kiste wieder an! Das kam echt geil eben.« Egge räkelte sich auf Brockmeyers Teppich.

»Und dann hol mal 'n bißchen Rum für die Cola, Joe. So ist die viel zu trocken.«

»Du hättest uns also voll auflaufen lassen, du Sau!« Kerns Stimme überschlug sich.

Blitzschnell war Egge aufgesprungen. »Flenn doch nicht rum!« fratzte er Kern an, der unwillkürlich einen Schritt zurückwich. »Wer hat sich denn am Freitag so schnell nach Hause verdrückt? Wenn ihr nur für fünf Pfennig Grips gehabt hättet, dann wärt ihr dageblieben, und wir hätten alles beredet! Und glaubst du etwa im Ernst, wegen so 'nem Lappenarsch wie dem Kleinen versau ich mir alles? Und da habe ich eben vorgesorgt. Ist doch einfach normal, oder wie sehe ich das?«

Mit zittrigen Händen zündete sich Kern eine Zigarette an. »Immer treibst du andere in die Scheiße, und hinterher willst du es nie gewesen sein. Wenn das für dich normal ist! Wie mit dem Kleinen. Der hätte keinen Tropfen getrunken, wenn du den nicht so angeschleimt hättest.«

»Ich?« Egges Stimme war bedrohlich leise. »Ihr wolltet genauso euren Spaß haben! Wer hat denn diesen Schrott vom Tanzbären gelabert? Das war doch Strehl. Und wer hat den Lappi denn so niedlich angepackt? Du doch, Kern. Aber dieses ganze Gequatsche bringt doch eh nichts mehr. Der Kleine ist abgehakt. Jetzt geht es nur noch darum, daß jeder das Richtige sagt, wenn die mit ihren dämlichen Fragen kommen. Und jetzt hol endlich den Rum, Joe!«

Brockmeyer rührte sich nicht.

»Den Rum, Alter!«

»Hol ihn dir selber, Egge, du willst doch feiern.«

»Dann wäre es dir also lieber, der Kleine wäre noch lebendig genug, um uns zu verpfeifen?«

»Das hat keiner gesagt – aber ich weiß auch nicht, warum ich jubeln soll, nur weil einer tot ist.«

»Geil, echt geil, Leute! Unser kleiner Joe wird von seinem Gewissen gezwickt! Ist der nicht niedlich?«

»Halt's Maul, Egge.« In Brockmeyers Gesicht zuckte es.

Die anderen sagten nichts, sondern starrten betreten vor sich hin.

»Schisser!« spuckte ihnen Egge vor die Füße. »Mann, was seid ihr für 'n Haufen Schisser – nur weil einer, der weiß, daß er nichts verträgt, sich vollaufen läßt, führt ihr euch auf wie ein Beerdigungsverein!«

»Wir hätten ihm helfen müssen.«

Jochen Strehl hatte es gesagt.

Egge grinste ihn böse an. »Amen. Pastor Strehl hat das Wort zum Sonntag gesprochen. Und wer hätte uns geholfen? Glaubst du, irgendeiner der Lehrer wäre auf deiner Seite gewesen, wenn sie dich mit dem Kleinen erwischt hätten? Die hätten doch nur gesagt, aha, Jochen Strehl, schon immer gewußt. Und deine Alten? Die hätten dich in den Müll geschickt! So sieht es aus, Strehl. Was wir da am Freitag gemacht haben, war ganz einfach normal. Und daß ihr euch jetzt von eurem Gewissen beißen laßt, das kapiere ich einfach nicht. Echt, das ist mir zu hoch!«

Jochen drehte sich einfach um und ging zum Fenster. Heftig riß er den Vorhang zur Seite und sah nach unten in Brockmeyers Hof, in dem sich trübe Lichtbahnen kreuzten. Wie eine rote Wunde brannte das Firmenschild über dem Eingang zum Schlüsseldienst. Brannte wie seine Wut. Aber einen wie Egge kriegte nur so einer klein, der ein noch größeres Arschloch war.

Das packte er nie.

Typen wie Egge waren immer die Stärkeren – solange sie genug Leute um sich hatten, die sie stark machten. Masken wie Kern, Uhlhorst, Brockmeyer und – Strehl. Aus ihrer Schlappheit zog Egge seine Power.

Mit Wucht stieß Jochen die Fensterflügel auf, und frische, kalte Luft zerteilte die Rauchschwaden in Brockmeyers Mansarde. Qualm strich durch das offene Fenster nach draußen in die Dunkelheit. Zwei Kinder sprangen durch die Lichtstreifen unten im Hof und verschwanden im Haus. Gleich darauf wurde das Treppenhaus hell, aber nicht schlagartig, sondern nacheinander von Etage zu Etage. Es sah aus wie Licht, das wuchs. Jochen mußte plötzlich wieder an Tanja denken, und in seinem Hals wurde es eng.

»Sag mal, spinnst du, Strehl? Mach sofort die Schotten dicht!« Egge hatte wohl einen kalten Luftzug abbekommen.

»Hier stinkt's«, sagte Jochen nur.

»Besser als diese Affenkälte!«

»Ach, halt's Maul«, murmelte er und lehnte sich weit aus dem Fenster. Er wollte noch eine Zigarette rauchen, bevor er endgültig ging.

Das würde Egge nie zulassen!

Sein Herz schlug heftig, als er die letzte Zigarette aus der Packung klopfte. Plötzlich stand Uhlhorst neben ihm. »Haste noch eine für mich, Jochen?« Er sah schlecht aus, so, als hätte er die letzten drei Nächte genauso schlecht geschlafen wie Jochen.

Böse Träume. Und dann kein Auge mehr zugetan, denn »Tot« und Mörder saßen am Bett.

Für immer?

»Das ist die letzte«, meinte Jochen, »aber du kannst 'n paar Züge abhaben, wenn du willst.«

Markus Uhlhorst murmelte etwas, das Jochen nicht verstand, denn sie hatten den Recorder wieder eingeschaltet. Eine Frauenstimme kreischte. Dann ein Grunzen. Markus verzog das Gesicht. »Ich kann diese Schlachterfilme nicht mehr ab!« stöhnte er.

Jochen nickte und ließ ihn an seiner Zigarette ziehen. »Ich hau eh gleich ab«, sagte er. »Mir stinkt's – ich meine, ich steig aus. Für immer.«

Einen Moment lang starrte ihn Markus ungläubig an, dann stammelte er: »Aber wie stellst 'n dir das vor? Das geht doch gar nicht!«

»Wieso soll denn das nicht gehen?«

»Egge wird Hundefutter aus dir machen! Der knallt glatt durch!«

»Egge, Egge, Egge! Ist Egge mein Vormund?«

»Und dann verpfeifst du uns!«

»Laber doch keinen Schwachsinn! Ich häng doch selber viel zu tief drin.«

»Egge wird ...«

»Egge kann mich mal, Alter! Egge kann sich demnächst alleine reinreißen, ohne mich!«

Dann fuhr plötzlich wieder Egges Stimme dazwischen: »Mach jetzt endlich die Luke dicht, Strehl, verdammt noch mal! Oder ich ...«

»Was: oder ich?« Mit einem Sprung war Jochen bei Egge. »Oder du schmeißt mich aus dem Fenster, oder was? Brauchst du nicht, Egge, ich bin eh am Gehen. Und zwar für immer. Ich habe keinen Bock mehr auf Scheiße.«

Sie hatten inzwischen angefangen, Cola-Rum zu trinken oder besser gesagt Rum-Cola, nach Egges merkwürdig fuchteligen Bewegungen zu urteilen. »Du bleibst, Strehl!« Sein Gesicht glänzte wie im Fieber.

»Ich bleibe nicht!«

»Das werden wir mal sehen!«

So leicht fühlte sich Jochen plötzlich, so unheimlich frei, als schwebte er über dem keifenden Egge, der sich mühsam vom Teppich aufrappelte. Die anderen hatten einen Halbkreis um sie gebildet und glotzten in stummer Erwartung, während der Fernsehapparat im Hintergrund nur noch für sich selber spielte. Langsam ging Jochen zu seinem Mantel, den er über einen von Brockmeyers Stühlen geworfen hatte.

»Wenn ich sage, du bleibst, dann bleibst du, verdammt noch mal, Strehl!« Eine Hand krallte sich in Jochens Pullover. »Abhauen und uns dann verpfeifen, was? Ist nicht, Alter!«

Jochen war automatisch stehengeblieben, als Egge ihn anpackte. »Bleib doch logisch, Egge«, sagte er. »Soll ich mich selber verpfeifen? Was hab ich denn davon?« Seine Stimme klang cool, aber die Leichtigkeit war weg, und eine ganz üble Angst stieg in ihm auf. Er war zu weit gegangen. Und mußte weiter, immer weiter, denn jeder Schritt zurück in Egges Richtung wäre mehr als nur Unterwerfung. Tot, dachte er, tot wie der Kleine, auch wenn ich noch rumlaufe und so tue, als würde ich leben. Aber in Wirklichkeit – da wäre ich nichts anderes als ein Zombie »made by Egge«.

»Nimm endlich die Pfoten weg, Egge!« stieß Jochen hervor.

Egge packte noch fester zu.

»Du bleibst! Oder ich . . .«

»Gar nichts wirst du, du Sack!«

»Das wirst du bereuen, Strehl!«

»Mann, Jochen, blieb doch vernünftig!« Joe Brockmeyer starrte ihn an wie ein ängstliches Kind.

Matthias Kern kicherte nervös: »Mensch, der macht dich wirklich fertig, Alter!«

Plötzlich lockerte sich Egges Griff, dann schoß unerwartet seine Faust vor und traf Jochen mitten ins Gesicht. Es war ein Gefühl, als würde seine Nase explodieren. Warmes Blut schoß hervor.

»Los!« schrie Egge. »Macht ihn alle, den Sack!« Und damit hechtete er auf Jochen los. Doch der hatte sich im letzten Moment noch blitzschnell zur Seite geduckt, so daß Egge das Gleichgewicht verlor und mit voller Wucht gegen ein windschiefes Regal krachte, das Brockmeyer mit seiner Sammlung leerer Bierdosen dekoriert hatte. Prompt ging das Regal in die Knie, und die Dosen rollten gegeneinanderscheppernd über den Teppich. Ein gurgelnder Schmerzlaut ließ alle zusammenfahren.

»Egge«, stammelte Joe, »Egge – was ist ...«

Egge sah ihn benommen an und rieb sich die Schulter, dann den Kopf. Plötzlich wieder dieses Ächzen, als würden ihm die Eingeweide bei lebendigem Leibe herausgerissen. Alle standen da wie festgefroren. Dann machte es bei Jochen plötzlich klick!

»Mach doch endlich einer die scheiß Fernsehkiste aus«, murmelte er, »das ist ja nicht zum Aushalten.« Und weil keiner sich rührte, tat er es schließlich selber. Blut tropfte noch immer aus seiner Nase, und er fuhr sich mit dem Ärmel übers Gesicht.

Egge hockte zwischen den Dosen auf dem Teppich und rieb sich den Kopf.

Inzwischen hatte sich ein stechender Geruch nach Rum breitgemacht, denn das Regal hatte im Fallen eine

der Flaschen zertrümmert. Auch war ein Colaglas um-
gekippt, und die klebrige Flüssigkeit versickerte in
Brockmeyers hellem Teppich.

»Mannomann«, ächzte Joe, »Mannomann, Egge, da
hast du aber echt Scheiße gebaut!«

Egge – oder das, was im Moment noch von ihm übrig
war – muckte leise auf: »Strehl will uns verpfeifen, und
du stierst nur auf deinen dämlichen Teppich!«

»Wie soll Jochen uns verpfeifen, ohne sich selber reinzureißen? Kannst du mir das mal verklickern, Egge?«
Markus Uhlhorst stand schon im Mantel da. Die Arme
vor der Brust verschränkt, sah er zu, wie Stefan Egge sich
mühsam aufrappelte. »Echt, Egge, wenn man dich so
sieht, du könntest einem glatt leid tun.«

»Halt's Maul, Uhlhorst!« Aber er wußte längst, daß er
verloren hatte. Sie nahmen ihn nicht mehr ernst.

»Nee, ehrlich Egge, sieh bloß zu, daß du aus der
Schußlinie bist, bevor Joes Alte kommt. Die reitet dich
rückwärts.« Jetzt griff auch Matthias Kern nach seinem
Mantel.

»Ey!« protestierte Joe. »Ihr könnt doch jetzt nicht einfach abhauen! Wer macht denn den ganzen Dreck hier
weg?«

»Egge macht das«, sagte Jochen. »Und du guckst ganz
entspannt zu!«

Nachwort

»Was ist denn schon dabei?« ist nicht nur das Produkt einer spontanen Idee, sondern das Resultat einer allgemeinen Unzufriedenheit über die Routine eines Schulalltags, der Schüler und Lehrer gleichermaßen in Schablonen preßt, die als immer belastender empfunden werden. Unterricht wird durchgeführt, die Schüler erdulden ihn. Engagement ist auf beiden Seiten kaum zu spüren. Am Ende dieses sogenannten Lernprozesses stehen abstrakte Noten, die nur einen Teil der Schülerpersönlichkeit erfassen, aber nicht das ganze Spektrum dessen, was ein Mensch – auch in der Schule – zu leisten imstande ist. Weiterhin sind es die vielen kleinen Beobachtungen gewesen, die uns zornig und damit schreibfähig gemacht haben. Nicht von ungefähr rückt immer wieder die Schultoilette in den Vordergrund der Handlung. Die Toilette ist eine relativ lehrerfreie Zone, ein Territorium, wo Gewalt gedeihen kann, ohne daß sofort eingeschritten wird.

Dennoch scheint die Welt in der Erzählung, gemessen an dem, was uns die Medien zu berichten wissen, noch einigermaßen intakt zu sein. Messerstechereien finden nicht statt, es lassen sich auch keine rechtslastigen Glatzen blicken, die ausländische Mitschüler terrorisieren. Auf den ersten Blick erscheint alles »ganz normal«.

Doch unter der vorgeblich so glatten Oberfläche zeigen sich Haarrisse. Wir haben versucht, sie aufzuspüren und sichtbar zu machen: sich auflösende Familienstrukturen, die zunehmende Unfähigkeit, miteinander zu kommunizieren, der Rückzug in persönliche Frustrationen und die daraus resultierende Rechtfertigung der Gewalt, die man auszuüben bereit ist. Beim Schreiben legten wir Schicht um Schicht frei. Die Komplexität all dieser Vorgänge konnten wir in unserer Geschichte nur verkürzt darstellen, auf das unmittelbar Sinnfällige und daher auch problemlos Entschlüsselbare zugespitzt. Eine gewisse Klischeehaftigkeit konnte dabei nicht ausbleiben, jedoch wollten wir keine gesellschaftliche Analyse betreiben, sondern eine Geschichte erzählen, die auch jüngeren Lesern verständlich wird.

Sehr spannend war der Moment, als uns Martin zu entgleiten drohte, als er kurz vor seinem Tod Bereitschaft zeigte, sich der Tätergang als Handlanger anzuschließen, in der Hoffnung, später selber einmal so zu werden, ein »cooler Typ«, immer Herr der Situation. Doch nicht deshalb haben wir Martin sterben lassen. Sein Tod ist eine sehr einfache Lösung, gewiß. Wir haben lange darüber diskutiert und verschiedene Möglichkeiten durchgespielt:

– Martin lebt – behindert – weiter. Bissiger Kommentar eines Schülers: »Und die Gang schiebt ihn hinterher im Rollstuhl durch die Gegend.«

– Martin lebt ohne Folgeschäden weiter. Wohin wendet er sich? Bleibt er Opfer? Wird er Täter? Wir konnten uns nicht einigen.

– Der Leser wird im unklaren über Martins weiteres Schicksal gelassen, mit dem klassischen offenen Ende konfrontiert, das zum Weiterdenken auffordert. Doch diese letzte Lösung wurde vehement abgelehnt. Martin, so entschieden die Schüler sich, sollte »geopfert« werden, um innerhalb der Gang die Sollbruchstellen freizulegen, nämlich das Aufbegehren der Handlanger gegen ihren Anführer, der bis zuletzt uneinsichtig bleibt und eine Mitverantwortung für das Geschehen ablehnt.

Über die Entwicklung und die Organisation des Schreibprozesses wurde bereits im Vorwort berichtet; allerdings muß noch hinzugefügt werden, daß ohne eine günstige Stundenplangestaltung und eine einsichtige Schulleitung unser Vorhaben nicht hätte durchgeführt werden können. Auch die materielle Unterstützung des Kulturamtes der Stadt und der Sparkasse Wolfsburg trug zum Gelingen unseres Projektes bei. Ohne deren großzügig bemessenen Spenden hätte der »Urtext« nicht in broschierter Form erscheinen können. Darüber hinaus gab uns die Stadtbücherei Wolfsburg Gelegenheit, den Text im Rahmen einer Lesung einer breiteren Öffentlichkeit vorzustellen. Die Schüler erlebten sich als »Macher«. Sie hatten etwas Handfestes geschaffen, das sie, weit über ihre Schulzeit hinaus, zusammenhält und ihr Selbstbewußtsein stützt.

Annemarie Schelm, März 1994

Inhalt

GULLIVER FÜR KINDER

Taschenbücher
bei Beltz & Gelberg

Eine Auswahl
für LeserInnen ab 11

GULLIVER FÜR KINDER

Beltz & Gelberg
Postfach 100154
69441 Weinheim